Eu, prisioneira das Farc

CLARA ROJAS

Eu, prisioneira das Farc

O relato da companheira de sequestro de Ingrid Betancourt nos seis anos de cativeiro, sua gravidez, seu filho e a luta para fugir da guerrilha colombiana

Tradução
Sandra Martha Dolinsky

Ediouro

Diretor: Edaury Cruz

Produtora editorial: Marcia Batista

Coordenação de produção: Adriane Gozzo | AAG Serviços Editoriais

Preparação de originais: Tereza Gouveia | Nave das Letras

Revisão: Rodrigo Fragelli

Projeto gráfico, editoração eletrônica e capa: Ana Dobón | AT Studio

Imagem de capa: Latinstock

Produção gráfica: Jaqueline Lavor Ronca

CIP-BRASIL. CATALOGAÇÃO NA FONTE
SINDICATO NACIONAL DOS EDITORES DE LIVROS, RJ

R645c

Rojas, Clara, 1964-
Eu, prisioneira das Farc: o relato da companheira de sequestro de Ingrid Betancourt nos seis anos de cativeiro, sua gravidez, seu filho e a luta para fugir da guerrilha colombiana / Clara Rojas; tradução Sandra Martha Dolinsky. – Rio de Janeiro: Ediouro, 2009.

Tradução de: Cautiva
ISBN 978-85-00-33035-3

1. Rojas, Clara, 1964- – Sequestro, 2002. I. Título.

09-3745. CDD: 364.15409861
CDU: 343.432(861)

O texto deste livro segue o Novo Acordo Ortográfico da Língua Portuguesa, em vigor desde 1º/1/2009.

Ediouro Publicações Ltda.
R. Nova Jerusalém, 345 – Bonsucesso
Rio de Janeiro – RJ – CEP: 21042-235
Tel.: (21) 3882-8200 – Fax: (21) 3882-8212/8313
www.ediouro.com.br
editorialsp@ediouro.com.br

Agradeço
a Isabel García-Zarza
pela ajuda na
redação desta obra.

NOTA AO LEITOR

Todas as notas do editor (N. do E.) que aparecem ao longo do livro referem-se à 1ª edição, publicada originalmente pela editora Norma, com sede na Colômbia.

SUMÁRIO

Capítulo 1

Em liberdade

22 de julho de 2008.

Faz quase seis meses que estou livre. E ainda há vezes em que me sinto em um sonho. A cada manhã acordo muito cedo com o cantar dos passarinhos. Na savana de Bogotá onde moro o ar é frio, desfruto a paisagem das montanhas de minha janela e não há manhã em que não agradeça a Deus por estar viva. Todo dia é a primeira coisa que faço ao abrir os olhos. Sim, agradecer a bênção que me concedeu de reencontrar minha mãe, meu filho Emmanuel, minha família e meus amigos, todos aqueles que mais amo. Sinto-me feliz por finalmente o sequestro, a retenção forçada, o cativeiro, tudo ter ficado para trás... por tudo isso ser apenas uma lembrança. E agora que minha vida recuperou a normalidade com a companhia e o afeto dos meus, parece incrível que há bem pouco, quando estava apodrecendo na selva, tenha podido me sentir esquecida e sozinha.

Muitas pessoas me perguntam se mudei ou se continuo sendo a Clara de antes do sequestro. Eu digo que sim, que em parte continuo sendo a mesma, só que com uma cicatriz no ventre e uma marca bem funda no pensamento e no coração, que espero conseguir apagar com o passar dos anos. Às vezes me assaltam sentimentos de melancolia, mas, felizmente, tenho meu filho Emmanuel a meu lado. É natural que teria preferido que não me houvessem roubado esses seis anos de vida. Mas estou viva. Viva para contar. Cada um conta como se saiu na guerra, e nesta eu sou mais um soldado. E esta é minha história.

Escrevo-a das profundezas do meu coração, por várias razões; em primeiro lugar, sempre sonhei em escrever um livro. Já escrevi vários sobre temas acadêmicos e profissionais, mas esta é a oportunidade de abrir meu coração e minha alma e incursionar por um campo que desde sempre amei: o mundo das letras. Também quis publicar meu testemunho para que fique para meu filho e para as novas gerações que ele representa, porque desejo um país em que primem a reconciliação, o perdão, a tolerância, o crescimento e a paz. E, por último, para aproximar o leitor de minha experiência e fazê-lo compreender as dificuldades que sofri e superei, e, em suma, para que a leitura deste livro semeie uma inquietude em seu coração.

Capítulo 2

Minha mãe

Em minha vida recebi muitas bênçãos, mas minha mãe é, sem dúvida, uma das maiores. Como não agradecer a Deus por sua existência, prudência, perseverança, sabedoria, energia e imensa generosidade?

Parece que foi ontem que eu chorava na selva, agarrada à malha da cerca para exigir que me soltassem. Ansiava estar perto de minha mãezinha, sentia saudades dela e a intuía extenuada, angustiada e necessitada de minha presença.

Deviam ser os primeiros dias do mês de maio de 2006, por volta das seis da tarde, e já começava a escurecer quando, de repente, apareceu o comandante que nos mantinha cativos e mandou chamar a todos. Dirigiu-se a mim com uma revista nas mãos e disse: "Veja, aí está sua mãe, para que veja que está bem, e para ver se assim para de se agarrar à cerca. Já estamos de saco cheio de seus chiliques". E entregou-me a revista *Semana*, onde, de fato, minha mãe aparecia na capa com a manchete: "Se minha filha teve um filho na selva, quero tê-lo em meus braços". Entrei em meu mosquiteiro imediatamente, chorando de emoção; acho que nem sequer agradeci pela revista. Pouco depois, aproximou-se um colega de cativeiro para exigir que a lesse rápido porque era para todos, e devia ser devolvida. E cheguei até a ouvir alguma palavra de contrariedade de outro. Não conseguia entender que ninguém mais pudesse se interessar por esse artigo e que não me deixassem em paz. O que eu queria era ficar sozinha com minha mãe. Na foto parecia esgotada, mas linda. O companheiro que pedia a revista deu-me um pedacinho de vela e me emprestou seus óculos para que a contemplasse bem. Não me restou mais remédio que ler para ele em voz alta, mas houve quem se queixasse e me pedisse para baixar a voz porque não os deixava ouvir o rádio.

O artigo falava dos primeiros indícios que havia sobre a existência de seu suposto neto. Alegrou-me muito sua resposta generosa, sem rodeios, que dizia: "Aconteça o que acontecer, eu espero os dois aqui para abraçá-los". E mais que cumpriu sua palavra. Foi ela a primeira pessoa conhecida que vi no aeroporto de Caracas quando um avião me devolveu à liberdade. Foi ela quem me acompanhou para buscar meu filho no dia em que voltei à Colômbia. E é ela quem hoje nos acompanha diariamente em nossa nova vida.

Obrigada, mãezinha minha, por existir, por ser exemplo de bondade e de dignidade nos momentos de profunda dor.

Capítulo 3

O dia anterior

Sexta-feira, 22 de fevereiro de 2002.

Cheguei à sede da campanha apressada, devia ser por volta das 11 da manhã. Todos os demais convocados já estavam ali e haviam começado a reunião. Eram umas quinze pessoas: a candidata à presidência da República pelo Partido Verde Oxigênio, Ingrid Betancourt, seu marido, o capitão da segurança, os assessores de imprensa, o pessoal de apoio e alguns colaboradores.

Ao ver-me entrar, Ingrid me perguntou: "Como foi o programa?". "Bem, mas começou um pouco tarde", respondi. "Você está soltando faísca", comentou outro dos presentes. Comecei a rir e respondi humildemente: "Não consigo me acostumar a falar na televisão". E a reunião prosseguiu normalmente. Eu não conseguia tirar da cabeça o programa do qual havia participado, sobre os deslocamentos forçados pelo conflito armado, uma espécie de debate em que os representantes de cada partido explicaram sua postura. Mas, de repente, percebi que o ambiente na reunião estava um pouco tenso, pela preocupação com a viagem que Ingrid faria a San Vicente del Caguán no dia seguinte.

O então presidente da República Andrés Pastrana, com o fracasso das negociações de paz com as Forças Armadas Revolucionárias da Colômbia (Farc), acabava de suspender, havia dois dias, a zona de distensão que tinha aberto para o diálogo[1]. E agora estávamos analisando os prós e os contras de ir até esse local nesse exato momento. Todos percebiam que se tratava de um deslocamento arriscado, pela presença da guerrilha, e não havia muitos voluntários para fazê-lo. Um dos presentes ressaltou que era uma visita que havia tempo se adiava e que o próprio prefeito de San Vicente, membro do Verde Oxigênio, pedira a Ingrid que o respaldasse com sua presença nesse momento tão delicado. Também tínhamos preocupação pela população civil do município, e ir até lá podia ser uma boa oportunidade de mostrar nossa alternativa para a situação que o país vivia. Todos discutimos quem poderia acompanhar a candidata, além dos dois jornalistas franceses que estavam fazendo uma reportagem sobre sua campanha, os assessores de imprensa e a equipe de segurança.

Estávamos nisso quando Ingrid se voltou e me perguntou: "Clara, você me acompanharia?". E eu, sem hesitar, respondi: "Mas, claro, a que hora saímos?". Com essa resposta, quis reafirmar a confiança na campanha e na candidata e recuperar o entusiasmo que havia tomado a todos meses antes. Eu achava que, como diretora da campanha, devia dar exemplo de amizade e lealdade e enviar uma mensagem

1. Em novembro de 1998 o presidente Andrés Pastrana abriu um processo de negociação com as Farc, e para isso ordenou a desmilitarização de uma zona de cerca de 40 mil quilômetros quadrados ao sul da Colômbia, que ficou nas mãos da guerrilha. Nesse processo, Pastrana chegou a se reunir até com o máximo líder guerrilheiro, Manuel Marulanda. Mas após várias rupturas do diálogo e acusações mútuas de atrapalhar as negociações, Pastrana anunciou, em 20 de fevereiro de 2002, que romperia esse processo por considerar que a guerrilha não tinha uma verdadeira vontade de chegar à paz. (N. do E.)

ao grupo de liderança dividido. Principalmente depois da debandada que estávamos vivendo: na semana anterior, vários dirigentes haviam se retirado da campanha, incluindo o coordenador financeiro, o coordenador político e uma senadora. Além do mais, o porta-voz da campanha não havia comparecido a essa reunião. De modo que essa foi minha resposta a Ingrid naquele momento. Depois, durante os longos anos de cativeiro, cada vez mais foi se enraizando em mim a convicção de que aquela minha reação fora um ato quixotesco, para não dizer uma flagrante estupidez. Com certeza estava no lugar e no momento errados.

A equipe de apoio nos confirmou que devíamos estar no aeroporto El Dorado de Bogotá no dia seguinte às 5 da manhã. Fui almoçar em meu *loft*, que ficava a duas quadras da sede. Ao chegar, liguei para um de meus irmãos para dizer que não o poderia acompanhar no dia seguinte a sua chácara porque iria viajar com Ingrid. Ele me perguntou por que tinha de ir, e respondi que era para não a deixar sozinha e também para mostrar nossa solidariedade para com o prefeito de San Vicente e a população civil. Desejou-me uma boa viagem e um bom retorno e disse que eu iria perder algo gostoso. Despedimo-nos e fiquei esperando que minha mãe me ligasse para confirmar se viria para Bogotá nessa noite.

Depois de almoçar, voltei à sede e passei a tarde ali, acabando de ver uns assuntos e várias atividades que tínhamos pendentes para a semana seguinte. A viagem seria só por dois dias, pois havíamos previsto voltar a Bogotá no domingo à tarde. Por volta das seis, voltei para minha casa. Estava acabando de entrar quando soaram simultaneamente o interfone e o telefone. Vieram me apanhar para jantar. E no telefone era o capitão da segurança, dizendo que me enviaria um fax em que explicaria detalhadamente como eram precárias as condições para viajar no dia seguinte.

Liguei para o celular de Ingrid. Estava em uma festa de aniversário, e seu marido atendeu. Comentei com ele a situação. Ele ficou calado e foi buscar Ingrid, que demorou um pouco a atender e dizer: "Clara, se não quer ir, fique. De qualquer maneira, eu vou". Sua resposta me pareceu um tanto brusca, e tentei acalmá-la um pouco repetindo o que já havia contado a seu marido. Houve alguns instantes de silêncio, depois dos quais ela disse: "Eu ligo mais tarde". Na porta de casa, o amigo que fora me buscar me esperava; disse a ele que entrasse; evidentemente, encontrou-me tensa, e pedi que, em vez de sairmos, ficássemos em casa, pois no dia seguinte teria de madrugar. Pedimos comida e pouco tempo depois o telefone tocou novamente. Era Ingrid. Surpreendeu-me que houvesse saído tão rápido da festa. Em um tom mais conciliador, ela me disse: "Clara, fique tranquila, não vai acontecer nada conosco. Amanhã cedo mando o motorista e vamos juntas ao aeroporto". Respondi que a acompanharia, mas insisti que lesse toda a informação que haviam nos mandado por fax. Desliguei o telefone e chegou a comida que havíamos pedido, com uma garrafa de delicioso vinho branco gelado, de modo que não me restou outra alternativa a não ser relaxar e aproveitar a noite.

Durante o cativeiro, pensei muitas vezes naquela noite e repassei em minha mente cada momento. Quem sabe por isso os tenho tão presentes agora. Poderia resumir minhas lucubrações assim: meu erro, se é que houve algum de minha parte, ocorreu nesse mesmo dia. Eu devia ter sido mais firme com ela, coisa que não teria sido fácil; devia ter lhe dito que eu não iria, para ver se ela teria tido peito de ir sozinha. Dessa maneira, a história teria sido, quem sabe, outra, e talvez não tivéssemos padecido desse capítulo tão doloroso do sequestro.

Aquela decisão, para os que entendem de tomada de decisões, não devia ter sido tomada de maneira emocional nem ter sido uma demonstração de absurda valentia. Nós éramos duas mulheres, civis, sem nenhum treinamento militar, e pretendíamos passar diante de um exército ilícito que mantém o país em uma encruzilhada há mais de quarenta anos. Mas é verdade que, mais tarde, no cativeiro, demonstramos mais brio, disciplina e persistência que muitos dos outros sequestrados, incluindo militares e policiais.

Nós também não contávamos, para realizar essa viagem, com as garantias de segurança necessárias que outros candidatos à Presidência receberam posteriormente e que os livraram de ser sequestrados.

Não contávamos nem com esse apoio nem com essa sorte. Por isso, acho que se estou viva é pela vontade divina, e a cada manhã, ao acordar, dou graças a Deus, porque tenho profunda ciência do milagre que operou comigo.

Nessa noite, meu amigo, ao se despedir, deu-me um beijo e um abraço forte. Sem exagero, acho que esse foi o último gesto de carinho e amizade que recebi até o dia em que me libertaram.

Capítulo 4

O dia

Levantei-me às 4 da manhã e tomei um banho com calma, com água bem quente. Ainda assim, estava pronta às 4h20. O motorista já estava me esperando na porta de casa e fomos buscar Ingrid. Quando chegamos ao seu apartamento duplex sobre as montanhas, ainda não estava pronta e mandou-me subir. Maria, sua empregada havia anos, ofereceu-me um suco de tomate delicioso. Esperei observando a vista sobre a cidade em companhia de sua cadelinha labrador dourada. Ainda estava escuro, e da janela da sala se via toda a capital com as luzes acesas. De repente, ouvi um grito: era o marido chamando a empregada para que lhe levasse alguma coisa. Logo Ingrid desceu. Estava começando a amanhecer e tínhamos tempo. A caminho do aeroporto nos confirmaram que o prefeito e o pároco de San Vicente del Caguán nos receberiam à tarde.

Quando chegamos ao terminal, o chefe de imprensa e vários cinegrafistas que queriam rodar imagens de nossa viagem estavam nos esperando. O avião saiu pontualmente às 6h15 da manhã, e durante o voo folheamos o jornal do dia. O principal jornal do país publicava uma notícia com a seguinte manchete: "Debandada na campanha de Ingrid. Ela fica sozinha". De fato, vários dirigentes haviam se retirado da campanha. Antes de chegar a Florencia, no departamento de Caquetá, no sul da Colômbia, o avião fez uma escala em Neiva e ali, na sala VIP, preparamos um comunicado de imprensa informando que não era uma *debandada*, e que, de qualquer maneira, não afetava a campanha, pois a candidata não estava sozinha e prosseguiria com suas atividades em ritmo normal. Mas, apesar disso, notávamos que o ambiente estava pesado. Certamente não era a situação mais favorável. Com meus botões, recordei o marido gritando na casa dela, onde me parecera respirar certa tensão. E agora isso. De modo que me senti na necessidade de oferecer-lhe meu apoio.

Em Neiva, tivemos de esperar duas horas e, apesar disso, chegamos a Florencia antes das 9 da manhã. Ali, o pessoal da segurança do aeroporto nos recebeu muito gentilmente. Puseram-nos em uma salinha especial, onde nos informaram que em breve decolariam helicópteros com destino a San Vicente del Caguán, e que era possível que nos embarcassem, mas só alguns membros de nossa comitiva.

A partir daí, começaram a transcorrer horas que nos pareceram intermináveis. Por volta das 10, ouvimos um barulho muito forte e vimos uma série de helicópteros da polícia chegar. Em seguida, surgiu uma grande quantidade de policiais jovens, homens e mulheres de uns 20 anos, com expressão de energia e resolução. Levavam os equipamentos e a indumentária no ombro. Na pista do aeroporto estavam os oficiais do Exército, que os mandaram entrar nos helicópteros que os levariam até San Vicente para preparar a chegada do presidente[1]. Encheram a primeira viagem.

---

1. O presidente Andrés Pastrana visitaria, nesse mesmo dia, San Vicente del Caguán, para testemunhar a presença da força pública novamente no município após a suspensão da zona desmilitarizada. (N. do E.)

Depois aterrissou um avião Hércules, preto, procedente de Bogotá, do qual desceu um grupo de jornalistas estrangeiros – ao que tudo indicava, todos credenciados para cobrir a visita presidencial – para fazer baldeação. E, finalmente, por volta das 11 da manhã, surgiu o avião presidencial, do qual desceu Pastrana, acompanhado pelo secretário-geral da Presidência, enquanto a guarda lhe prestava homenagem. No caminho rumo aos helicópteros passaram diante de nós, que nesse momento estávamos na pista, a poucos metros. Nós o acompanhamos com o olhar, mas ele seguiu seu caminho. Sem nos dizer nada, entrou no helicóptero que, em seguida, decolou. Fiquei firme, e devo confessar que sua atitude me surpreendeu, porque antes sempre havia nos cumprimentado gentilmente. Mais ainda estranhei que se comportasse assim com Ingrid, pois suas famílias eram amigas fazia tempo, e acho até que haviam crescido juntos. Além do mais, quando foi eleito, ela havia sido uma das senadoras estrelas que percorreram o país em busca dos votos que depois lhe deram a vitória. Por isso nunca poderia imaginar que as relações entre eles fossem agora tão frias.

De repente, de uma hora para outra e sem explicação alguma, vimos uma série de pessoas entrar nos helicópteros restantes, que decolaram deixando-nos para trás, apesar de nos terem dito quando chegamos que embarcaríamos em um deles. Seja qual for o motivo, o chefe da segurança de nossa campanha não conseguiu obter as credenciais, nem fazer as diligências necessárias para que fôssemos a San Vicente por ar, como estava programado.

Agora é fácil chorar sobre o leite derramado, mas se a atitude do presidente houvesse sido outra nesse dia, muito provavelmente não nos teriam sequestrado, pois teríamos viajado de helicóptero e retornado a Florencia e a Bogotá na mesma noite, como fez ele mesmo, junto com sua comitiva e todos os jornalistas internacionais. Nessa noite, já em cativeiro, pudemos vê-lo pela televisão no acampamento para onde os guerrilheiros nos levaram. Sobre nosso sequestro, só deram notícias no dia seguinte; não tenho ideia por que tão tarde, pois o chefe da segurança perdeu contato conosco às 2 da tarde, e a essa hora já deveria ter informado sobre nosso desaparecimento.

É curioso... em poucas pessoas pensei tanto quando estava em cativeiro como em Pastrana[2]. Suponho que por essa ideia um pouco absurda de acreditar que um presidente pode solucionar todos os problemas de um país. Quando me libertaram, foi um dos ex-mandatários que primeiro me cumprimentou por minha valente atitude, e me enviou uma carta que ainda conservo. Tenho certeza de que ele poderia ter evitado nosso sequestro ou, pelo menos, depois de ter acontecido, ter feito o necessário para nos libertar, não mediante uma operação militar de resgate, como a que ordenou quando estávamos havia dois dias na selva, e na qual morreram alguns soldados do Exército, mas sim por meio de um acordo ou de uma solução negociada. Mas não podemos esquecer que lhe restavam apenas cinco meses para terminar o mandato, e, naquela época, tive a impressão de que já estava de saída, e talvez por isso se descuidou de seus deveres. De qualquer maneira, não se tratava só de nós mas também de vários políticos do departamento de Huila[3], e do ex-governador

---

2. Em alguma ocasião me havia perguntado se seria coincidência que o presidente se despraçara também esse dia a San Vicente del Caguán. Sua visita não se havia confirmado até a noite anterior e seria muito arriscado dizer que antecipou sua viagem quando teve notícia da nossa. Não tenho informação suficiente para concluir algo semelhante. (N. da A.)

3. Gloria Polanco de Lozada, política do departamento do Huila, havia sido sequestrada junto com dois de seus filhos em seu apartamento em 26 de julho de 2001. Orlando Beltrán, congressista por esse mesmo departamento, em 28 de agosto de 2001. Consolo González de Perdomo, parlamentarista, em 10 de setembro de 2001. E Jorge Eduardo Gechem, senador, em 20 de fevereiro de 2002. (N. do E.)

do Meta[4], que haviam sido sequestrados nos meses anteriores. Também estavam nas mãos das Farc vários militares e policiais, alguns, inclusive, havia anos. E, pouco depois de nós, seriam sequestrados os deputados do Vale do Cauca[5] e o governador da Antioquía, com seu assessor de paz[6].

Quando vimos que o aeroporto havia ficado praticamente vazio, não nos restou outro remédio senão ver se podíamos ir por terra[7]. O Departamento Administrativo de Segurança (DAS) de Florencia concordou em nos fornecer uma caminhonete azul para o traslado, mas sem nenhum apoio. Todos nós, membros da comitiva, nos reunimos em uma salinha para decidir quem seguiria viagem. O capitão da polícia a cargo da segurança nos informou, então, que ele não nos acompanharia, e as demais escoltas corroboraram essa decisão. Não sei muito bem a que se deveu essa decisão do capitão, pois tinha ordens de proteger Ingrid em todo o território nacional. Uma jornalista francesa, a tradutora e nosso chefe de imprensa também decidiram ficar.

Nossa comitiva ficou reduzida a cinco pessoas: Ingrid, o motorista, um jornalista francês, um assistente de câmera e eu. O capitão da segurança pelo menos colaborou colocando no carro bandeiras brancas e cartazes da candidata Ingrid Betancourt; e, em um dado momento, disse-me: "Doutora, fique tranquila que amanhã de manhã as pegaremos aqui para retornar a Bogotá no voo da tarde".

---

4. O ex-governador do Meta, Alan Jara, foi sequestrado em 15 de julho de 2001. (N. do E.)
5. A guerrilha sequestrou doze deputados do Vale do Cauca em 11 de abril de 2002. (N. do E.)
6. O governador de Antioquía, Guillermo Gaviria, e seu assessor de paz, Gilberto Echeverri, foram sequestrados em 21 de abril de 2002. Com esses sequestros de políticos e civis, as Farc pretendiam pressionar o governo para obter um acordo humanitário de troca de sequestrados, os denominados canjeáveis, entre os quais estavam também Ingrid e Clara, por guerrilheiros presos. (N. do E.)
7. San Vicente del Caguán fica a 160 quilômetros de Florencia. (N. do E.).

De fato, fiquei tranquila. Na verdade, até então sempre tudo correra bem para nós. Recordei uma viagem similar em 1997, quando havia acompanhado Ingrid, ainda representante da Câmara, em um aviãozinho até Puerto Asís, um município quase fronteiriço com o Equador, no departamento de Putumayo, ao sul do país. Havia, ali, uma marcha indígena e uma greve que durava semanas sem se resolver, e Ingrid levaria ajuda humanitária, comida, remédios e roupas às famílias que marchavam juntas e que havia dias ocupavam as ruas do município à espera de que o governo nacional atendesse às suas reivindicações. Quando aterrissamos em Puerto Asís, o aeroporto estava isolado pelo Exército, e só pudemos cumprimentar as pessoas que estavam em greve, entregar a ajuda humanitária e dar uma rápida caminhada pela cidade antes de voltar. Mas, na viagem de volta, o avião sofreu um problema técnico e o piloto teve de fazer uma aterrissagem de emergência em um potril próximo ao aeroporto de Ibagué. Ali, um carro de bombeiros nos resgatou e retornamos a Bogotá em um voo comercial.

De alguma maneira, eu esperava que essa viagem a San Vicente corresse bem, apesar das dificuldades, como a viagem a Puerto Asís, e por isso acho que fiquei tranquila com o comentário do capitão.

Quando a caminhonete que nos emprestaram ficou pronta, embarcamos. O motorista e Ingrid iam na frente, e, no banco de trás, sentamo-nos o jornalista francês, o cinegrafista e eu. Despedimo-nos das escoltas e do restante do grupo, e um veículo da polícia de Florencia nos acompanhou até a saída da cidade. Era mais de uma hora da tarde e havíamos combinado de entrar em contato a cada hora com nossa equipe de segurança. A estrada era boa e estava quase vazia; só de vez em quando cruzamos com alguma moto ou algum táxi. Avançávamos por uma bela paisagem de savana, e a temperatura era de uns 28, 30 graus à sombra. Passamos em frente a um posto do Exército, onde informaram a Ingrid que não ocorrera nenhum combate na zona nem no caminho de San Vicente, mas advertiram-na, não obstante, que caso se arriscasse a seguir, seria exclusivamente sob sua própria responsabilidade. Decidimos prosseguir em nosso percurso. Depois de uma hora de viagem, passamos por um pequeno povoado que se chamava Montañitas, onde paramos para abastecer. Tentamos falar com nossa equipe de segurança, mas não conseguimos nos comunicar, e eles também não nos ligaram.

Com o tanque cheio, seguimos nosso caminho por uma estrada cada vez mais solitária; víamos passar no céu um bando de pássaros brancos e outro de pássaros pretos, como se fossem um presságio do que nos esperava um pouco mais adiante. Cruzamos muitas pontes, e em cada uma delas eu sofria pensando que talvez alguma estivesse minada, mas guardava essa preocupação para mim.

Trinta ou quarenta minutos deveriam ter se passado desde a última parada quando, de repente, tínhamos adiante uma reta muito longa, de cerca de 2 quilômetros. Ao longe podíamos ver uns caminhões e ônibus postados de ambos os lados, como que interceptando a passagem. O motorista diminuiu a velocidade. De repente, um jovem vestindo uma roupa camuflada, fuzil no ombro e facão no cinto, veio correndo em nossa direção e nos fez sinal para parar. Aproximou-se pelo lado esquerdo da caminhonete e perguntou ao motorista aonde estávamos indo. Dissemos que íamos a San Vicente del Caguán, que estavam nos esperando lá, e que por favor nos deixassem passar. Ele respondeu que esperássemos, que tinha de ir perguntar.

O jovem, suado e agitado, voltou correndo até onde estavam os ônibus vazios. Não se via ninguém mais. Logo depois, voltou para nos dizer que o seguíssemos devagar. Caminhava ao nosso lado e indicou-nos que virássemos à esquerda antes de chegar aos ônibus. Ali, surgiram dois supostos camponeses, que nos disseram para virar de novo, mas para a direita, para passar entre os ônibus. E sentimos, então, um penetrante cheiro de gasolina, que devia vir de uns ônibus que estavam queimados. Parecia que alguma coisa estava prestes a explodir. Avançamos entre os ônibus e saímos em uma área mais aberta, onde encontramos homens uniformizados e armados que cercaram nossa caminhonete. Estavam muito tensos. Nesse momento, ouvimos uma forte detonação que provinha de muito perto e que devia ter atingido um homem que estava ao lado de nossa janela, pois de repente vi que seu rosto estava ensanguentado. Ficamos todos consternados, e o cinegrafista gritou: "Meu Deus!"

Um dos guerrilheiros começou a gritar desesperadamente: "Rápido, um hospital!" Colocaram o ferido na parte de trás de nossa caminhonete; o homem que havia nos guiado até ali subiu também e começou a dizer ao motorista aonde tinha de ir, fazendo-nos desviar da estrada e pegar outro caminho. Enquanto isso, o homem ferido não parava de gritar. Não havíamos rodado nem dez minutos quando encontramos muitos carros estacionados e um grupo grande de homens armados, suados, nervosos e mal-encarados.

Fizeram-nos parar. Retiraram imediatamente o ferido e o colocaram em um jipe, que partiu a toda velocidade. Depois mandaram o cinegrafista e o jornalista francês descerem. Nesse momento, chegou um sujeito que devia ser o comandante, com aspecto rude e modos bruscos. Mandou Ingrid descer, e colocaram-na em uma caminhonete que ia na outra direção.

Eu havia ficado sozinha no carro. O comandante voltou-se para mim e me olhou. Eu estava muito preocupada e lhe perguntei: "Aonde a estão levando?" Sem responder nada, mandou-me descer também e me colocou na mesma caminhonete que ela, mas na parte de trás, onde estavam sentados, em silêncio sob uma barraca, pelo menos seis homens, três de cada lado. Além disso, havia mais dois agarrados à porta. Assim que subi, a caminhonete deu partida e saiu a toda velocidade por uma trilha no meio do mato. É bem possível que eles soubessem que passaríamos por ali e, de qualquer maneira, sabiam o que estavam fazendo quando tiraram Ingrid do carro em que viajava. Sabiam perfeitamente quem estavam sequestrando.

Os dois homens que iam pendurados na porta começaram a gritar, como se estivessem felizes. Tinham granadas nas mãos, e tive medo de que caíssem, principalmente porque o carro pulava muito. Era tamanha minha angústia que gritei para o motorista: "Cuidado, isso não são batatas!" Não sei se me ouviu, mas diminuiu um pouco a velocidade. Em pouco tempo chegamos a outro lugar, onde nos fizeram trocar de carro de novo. Chegou outro comandante, mais velho e com a aparência mais descansada, que nos fez entrar em outra caminhonete; sentamos na frente, ele e nós duas.

Os outros homens ficaram para trás. Nós seguimos caminho até chegar a um povoado que se chamava La Unión Pinilla. Era um lugar tranquilo e aprazível; víamos os moradores sentados em cadeiras de balanço nas varandas. Todos nos viram passar, mas ninguém disse nada. O comandante parou o veículo e nos mandou entrar em uma lojinha; felizmente, pois tínhamos necessidade de ir ao banheiro.

O dono do local veio a nós e nos ofereceu um refrigerante. Nós duas fomos ao banheiro, e quando voltamos, fizeram-nos entrar em uma salinha. Ali, o comandante pediu que nos sentássemos e que escrevêssemos uma carta para nossas famílias para contar que havíamos sido sequestradas. Fiquei pálida, ainda mais quando me entregou uma folha e me perguntou que número eu calçava. Foi nesse exato instante que percebi que havíamos sido realmente sequestradas, pois, até então, eu tivera a esperança de que acabariam nos libertando. Como a grande maioria dos habitantes da Colômbia, eu estava familiarizada com a tragédia e o drama humano dos sequestros, mas é algo que as pessoas ouvem e pensam que não vai acontecer com elas. Até esse momento, eu nunca havia pensado que podia ser alvo de um, apesar de pessoas próximas a mim terem sido.

Ingrid escreveu uma carta para seus pais e sua irmã, explicando o que havia nos acontecido. Depois, passou a folha para mim para que eu a lesse e pusesse na outra face uma nota para minha mãe. Só consegui escrever um pequeno parágrafo, que dizia algo assim:

Mãezinha,

Acredito que as coisas acontecem
por alguma razão. Confio plenamente que estar com
Ingrid no meio desse conflito tão absurdo
permitirá, de alguma maneira, que a vida se
restabeleça na Colômbia. Confie em Deus, o tempo
todo. Espero que nos reencontremos em breve.

Sua filha da alma

Essa carta seria encaminhada pelo comandante via fax ao apartamento do pai de Ingrid, que naquela época ainda estava vivo.

Mandaram-nos sair da loja e entrar de novo na caminhonete. Sentamos nós duas na frente, ao lado do comandante, e na parte de trás um grupo de guerrilheiros armados. Já era tarde, deviam ser quase cinco horas. Saímos do povoado como se nada estivesse acontecendo; os moradores, sentados tranquilamente nas cadeiras de balanço, não se alteraram e limitaram-se a ver nosso veículo passar sem dizer uma palavra. O motorista avançava rápido por uma estrada e o comandante colocou uma música, talvez para descontrair um pouco o ambiente, que estava tenso. Nós duas permanecíamos caladas, e o comandante só nos disse que não nos restava mais nada a não ser enfrentar aquela experiência.

Assim se passaram duas horas, e já começava a escurecer. De repente, o motorista saiu da estrada para adentrar um grande potril e, ao cabo de 2 quilômetros, adentrou um arvoredo, onde encontramos o acampamento guerrilheiro. Mandaram-nos descer do carro e fomos recebidas por uma comandante, que nos estendeu a mão. Surpreendeu-me que fosse tão gentil a ponto de nos cumprimentar e também pela força com que nos apertou a mão: senti que quase ia me arrancar o braço. O comandante que nos levara até ali, e que depois nos disse que se chamava *El Mocho César*[8], deixou-nos nas mãos dessa mulher e disse que voltaria em dois dias. A comandante se chamava *Mary Luz*, era de estatura mediana e tinha cabelo grisalho.

Mostrou-nos onde íamos dormir naquela noite: um lugar que chamavam de hospital, que era, na realidade, um enorme galpão, uma espécie de barracão com teto de folhas de palmeira aberto nas

---

8. José Cebas, vulgo *El Mocho César*, era o líder da Frente 15 das Farc que sequestrou Ingrid e Clara. Era considerado um dos homens de confiança do secretariado das Farc. (N. do E.)

laterais, sem paredes, com piso de barro. Ali havia vários homens doentes. A nós cabiam duas camas situadas em um canto, separadas das outras pessoas por vários leitos vazios. Deixaram-nos sob os cuidados de uma guerrilheira, que não deveria se separar de nós por um momento sequer. Pedimos a ela que nos deixasse ir ao banheiro, e ela nos levou dali.

Chamou outra companheira e fizeram-nos caminhar mais ou menos uns trinta passos até chegar a um matagal onde havia uns buracos no chão. Isso me causou uma impressão péssima, porque estavam cheios de água amarelenta, pela cor do barro. Quando chegou minha vez, pedi à guardiã que se afastasse um pouco, porque estava mal do estômago, e tive vergonha da situação. Mas a mudança era tão grande para mim que não consegui fazer nada. Fiquei muito impressionada de estar ali, com esse barro, essa água amarelenta, e de ver todas as formigas e folhas enormes, muitas inclusive com espinhos; tudo aquilo me fez tomar ainda mais consciência do que estava acontecendo conosco. Quando me levantei, retornamos a nossas camas.

Nesse curto trajeto até o hospital, a comandante *Mary Luz*, acompanhada de duas mulheres, aproximou-se de nós. Perguntou como estávamos e começou a interrogar Ingrid sobre seu projeto político. Ela começou a lhe contar, enquanto, ao lado da comandante, parou um gato preto que parecia ouvir o que falavam. Assim ficamos alguns minutos, e depois nos levaram para o galpão. Sentamo-nos na cama e fiquei olhando para o piso de barro. As mulheres uniformizadas, com os cabelos longos, permaneciam perto; algumas eram grandalhonas e pareciam intimidadoras. Eu ficava calada, achava estranho pensar em deitar e dormir naquele lugar. Uma das mulheres nos levou dois pratos com uma porção abundante de arroz branco, uma banana madura e um ovo frito por cima. Pareceu-me muito, apesar de não termos nem tomado o café da manhã nem almoçado. Ela havia levado só uma colher, de modo que lhe pedi outra para mim. Ela me olhou por um momento, calada, e foi buscar outra. Achei estranho comer o arroz sem garfo. Quase não tocamos na comida.

Deviam ser mais de 7 horas quando a comandante chegou para nos levar a outro lugar. Era uma noite clara, de lua. Caminhamos alguns passos e entramos em um galpão similar ao que estávamos, mas neste havia tábuas posicionadas como bancos. Também havia um aparelho de TV ligado e se ouvia o ruído de uma central elétrica. Colocaram-nos sentadas de um lado, e pouco depois entraram vários homens que estavam armados, mas que se mostravam tranquilos. Preparamo-nos todos para ver o noticiário, mas, como era fim de semana, começava mais tarde que de costume. Começou às 8 horas. O sinal era muito ruim e, apesar de a TV ser colorida, só se via em preto e branco. As manchetes não mencionaram nem uma palavra sobre nós. Só deram uma notícia sobre a viagem do presidente da República a San Vicente del Caguán, dizendo que já haviam retomado o controle do município. Depois disso, desligaram a televisão.

Mandaram que voltássemos à *caleta*[9] onde estávamos, mas no caminho pedimos à comandante que nos deixasse caminhar um pouco ali fora, ao longo do galpão. Ela concordou, e demos uns passos para um lado e para o outro, comentando o que haviam dito nas notícias. Estávamos profundamente preocupadas porque não tínhamos certeza de que o outro comandante havia mandado o fax com as mensagens para nossas famílias. Quem sabe se teriam chegado, ou se as teriam lido. Angustiava-nos não saber como estariam nossos parentes.

9. Termo colombiano usado em ambientes militares para designar um lugar escondido ou onde se esconde alguma coisa. (N. do E.)

Pouco tempo depois foram nos dizer que devíamos ir nos deitar. Deviam ser umas 9 horas da noite, talvez 10. De volta à *caleta*, vimos que não tínhamos lençóis; somente uma tábua com um colchão muito fino. Colocaram um mosquiteiro por cima e decidimos nos deitar juntas, na mesma cama. Eu não me atrevia nem a me mexer, porque tudo me impressionava: a escuridão, a proximidade desses homens doentes, com suas armas penduradas do lado.

Havia um homem de guarda, que de quando em quando passava iluminando com a lanterna. Para mim, era impossível dormir, apesar de não se ouvirem mais ruídos que os da noite. De repente, começou a chover. Finalmente consegui pegar no sono. Acordei com um barulho de helicópteros e pedi a Deus que continuasse chovendo, pensando que, com sorte, a chuva impediria que o Exército alcançasse nosso acampamento. Não conseguia tirar da cabeça o trágico fim de Diana Turbay[10]. Estava tão assustada que minhas pernas tremiam.

De repente, a comandante chegou inesperadamente e mandou que nos levantássemos, coisa que fizemos de imediato, pois havíamos nos deitado vestidas. Saímos do acampamento e fizeram-nos ficar caminhando uma meia hora pelo meio das árvores. Já não chovia, mas estava tudo molhado, e logo os tênis que eu usava ficaram encharcados. Avançávamos em fila, um atrás do outro; a escuridão era impressionante e não víamos onde pisávamos. Todos os guerrilheiros estavam armados, com seus equipamentos no ombro, mas caminhavam tão sigilosamente que quase não os percebíamos. Só se ouvia a voz da comandante, que depois nos fez parar. Ficamos quietos no meio da selva, e logo sentimos os mosquitos se aproximando para

10. Diana Turbay, jornalista de 37 anos e filha do ex-presidente Julio César Turbay, foi sequestrada por narcotraficantes colombianos, e em 25 de janeiro de 1991, depois de pouco mais de quatro meses de cativeiro, morreu em um tiroteio entre a polícia e os traficantes durante uma frustrada tentativa de resgate. (N. do E.)

nos incomodar. Era extenuante permanecer ali paradas. Depois de um tempo, fizeram-nos retomar a marcha até chegar a um lugar que era o mesmo de onde havíamos saído.

Fizeram com que nos acomodássemos de novo embaixo do mesmo mosquiteiro. Estava frio, e eu estava transpirando. Tentei saber que horas seriam e calculei que deviam ser 2 da manhã. Estava tão extenuada que adormeci logo. Havia sido demais para um único dia.

Capítulo 5

O dia seguinte

Estava começando a amanhecer, e a primeira coisa que senti foi um cheiro de gasolina muito penetrante. Perto, ouvia-se o rádio anunciando que havíamos sido sequestradas. Garoava levemente e estava nublado. Eu me levantei sobressaltada. Pedi à guarda que me deixasse ir ao banheiro, e ela me conduziu ao mesmo lugar onde haviam nos levado na noite anterior. Mas, dessa vez, era possível contemplar a paisagem: a imensa selva fechada e, ao longe, uma grande planície. Tive a impressão de que devíamos estar perto de La Unión Pinilla. Quando retornamos à *caleta*, pedi que me permitisse ficar do lado de fora, pois o cheiro forte de gasolina me deixava enjoada.

O lugar estava escuro, havia parado de chover, e me disseram para sentar em umas tábuas perto da *caleta* onde tínhamos dormido. Fiquei ali um tempo, sozinha, até que um jovem guerrilheiro se aproximou. Surpreendeu-me ver que não carregava um fuzil; usava só a calça camuflada e uma camiseta verde. Tinha a pele branca, o rosto limpo, e parecia descontraído. Perguntou-me como me sentia, e eu disse que estava bem. Interessou-se em saber se sentira medo na noite anterior, e respondi: "Claro, minhas pernas tremiam, era a primeira vez na vida que tinha essa sensação de susto, quase de paralisia, ao ouvir o barulho dos helicópteros sobre nós". Ele riu, coisa que me surpreendeu, e comentou: "Isso não foi nada".

Pouco depois aproximou-se uma menina guerrilheira para ver se eu queria beber alguma coisa. Respondi, como se estivesse na cidade, que queria um suco de laranja. Pouco depois, voltou com dois copos de suco de tangerina natural, e disse que era um para mim e outro para minha amiga. Tomei o meu, e tempos depois recordaria esse momento como um dos mais especiais durante o cativeiro, particularmente pela cor da fruta. Naquele momento, tão ingênua eu, não podia nem imaginar ainda o que me esperava, mas passaram-se vários anos até que voltei a sentir de novo o cheiro de uma fruta. Ainda hoje, agora que estou em liberdade, cada vez que tomo suco de laranja no café da manhã, saboreio-o como um dos manjares mais deliciosos que possa existir. E dou graças a Deus.

Eram 7h30 da manhã quando Ingrid saiu da *caleta*. Pareceu-me muito magra. Caminhou até onde eu estava com uma expressão de surpresa e me cumprimentou. Perguntei como havia acordado, e ela respondeu, com pouca vontade de falar, que chorara a noite inteira. Disse a ela que devia ter chorado para dentro, pois eu não ouvira nada. Mas, na verdade, notava-se que não havia pregado o olho. Sentou-se ao meu lado na tábua, ofereci-lhe o suco de tangerina que lhe haviam levado e comentei o que tinha ouvido no noticiário. A notícia de nosso sequestro havia sido anunciada até no *Washington Post*, segundo o rádio. Ficamos caladas, então. Era muito difícil digerir o que estava acontecendo conosco.

Fomos ao banheiro e, na volta, pedimos à guarda que nos deixasse caminhar um pouco pelo acampamento para nos familiarizarmos com o lugar onde nos encontrávamos. Em uma das *caletas* próximas havia uma tela pendurada, como um cordão de linha estendido sobre uma espécie de tear; parecia a malha de um paraquedas, mas provavelmente era uma rede de pesca. Mais adiante vimos cadeiras dobráveis com instrumentos de dentista; atrás, uma espécie de despensa, o que eles chamavam de *economato*, com batatas, bananas e hortaliças. Ao lado, dois fogareiros a gasolina e uma caneca com água. Continuamos caminhando e chegamos à *caleta* da comandante *Mary Luz*. Notava-se que ali vivia alguém com autoridade, porque tinha uma espécie de quarto ao fundo e até uma antessala com geladeira. O piso era também de barro, mas era o melhor lugar de todos os que havíamos visto. E qual não seria nossa surpresa ao ver que uma das guerrilheiras estava fazendo as unhas dos pés da comandante. Fiquei estupefata, porque o que menos esperava nessa primeira manhã de sequestro era entrar em uma espécie de salão de cabeleireiro e encontrar a rude comandante nessa situação. Ali dentro havia um ambiente tranquilo e descontraído, que não tinha nada que ver com o que vivêramos no dia anterior. Perguntamos a ela como podíamos fazer para tomar banho, e ela disse que teríamos de esperar algumas horas até que o banhado estivesse livre. Ingrid aproveitou a ocasião para pedir-lhe um colchonete plástico para fazer ginástica e eu, um jogo de xadrez.

Fizemos uma breve caminhada e retornamos à nossa *caleta*, onde haviam nos deixado uma xícara de chocolate muito preto. Experimentei-o e, embora não tenha dito nada, pareceu-me horrível; não se parecia em nada com um verdadeiro leite com chocolate, quente e espumoso. Esse era amargo e espesso, repugnante.

Sentei-me na *caleta* e olhei para cima. O dia estava cinzento, e o lugar era escuro, de modo que me estiquei e procurei descansar um pouco. Sentia-me incapaz de dizer qualquer coisa. Mal conseguia entender o que estava acontecendo.

Pouco depois, foram me dizer que nos preparássemos para o banho, mas como faríamos, se não tínhamos nada? Deram-nos duas toalhas e nos levaram a um tanque de cimento, de onde tínhamos de tirar água com um pote. Eu não sabia onde deixar a roupa, e a pendurei em um galho. Colocamo-nos em pé sobre uma tábua para não nos sujarmos de barro e nos despimos rapidamente. A água estava gelada e quase não havia sabonete. Eu me enxaguei e me vesti em poucos segundos. Apesar de ser tão rápido, esse banho me fez sentir como nova. Retornamos à *caleta*; eu tinha uma escova na bolsa, e me arrumei com calma. Já devia ter passado do meio-dia quando nos ofereceram um almoço, que consistia em um espeto de carne fria e dura e dois tomates.

Ficamos a tarde toda na *caleta* sem fazer nada de especial. Quando estava começando a escurecer, levaram-nos um saco de pão e *agua de panela*, água adoçada com açúcar mascavo, que, depois do suco de tangerina, me pareceu o melhor do dia, apesar de estar muito doce. Mais tarde, eu aprenderia que na selva consomem as bebidas muito concentradas e muito doces para ganhar energia.

Antes das 8 da noite nos levaram para ver o noticiário, que começou com manchetes sobre a confirmação de nosso sequestro pela Frente 15 das Farc, que respondia ao comandante *Joaquín Gómez*[1]. Ao terminarem de ouvir a notícia, todos os guerrilheiros presentes, que deviam ser uns vinte, começaram a pular e a gritar. Fiquei atônita de ver como essa gente se alegrava por ter nos sequestrado e não pude articular uma palavra.

---

1. Milton de Jesús Toncel Redondo, vulgo *Joaquín Gómez*, era o responsável pelo Bloco Sul das Farc. (N. do E.)

Quando o noticiário terminou, levaram-nos de volta à *caleta*. Eu continuava muda, havia ficado terrivelmente impressionada de ver nosso sequestro na televisão como um fato consumado e de contemplar o regozijo dos guerrilheiros. Deitei-me na cama repetindo para mim mesma: "Meu Deus, fui sequestrada! Sim, fui sequestrada!" E corriam as lágrimas pelas faces. Eu estava extenuada. A noite era muito escura. Fechei os olhos e me pus nas mãos de Deus, com a alma angustiada, até que o sono me venceu.

Agora, quando penso naquele dia, procuro recordar o que passou por nossa mente e não consigo. Também não lembro que tenhamos mantido qualquer diálogo especial entre nós. A crua realidade em que estávamos mergulhadas era, sem dúvida, superior à nossa capacidade de entendimento.

Capítulo 6

A selva

Acostumada a viver sempre na cidade, sofri um impacto enorme ao ver-me retida em um entorno tão agreste, cercada permanentemente pelo mato, quase engolida por ele. Isso porque desde menina eu gostava de tudo relacionado com ecologia e proteção ao meio ambiente. Mas uma coisa é amar a natureza, e outra, bem diferente, é ver-se devorada por ela. Aquela selva, como comprovaríamos muito em breve em nossas frustradas tentativas de fuga, transformou-se em nossa prisão, e todas as tentativas que fizemos de sair dela foram nulas.

Na selva se vive sempre à sombra; a luz do sol não entra diretamente, chega filtrada pela densa folhagem de árvores gigantescas, que podem alcançar até a altura de um edifício de seis ou sete andares. Os guerrilheiros, além do mais, sempre escolhem para seus acampamentos os lugares mais fechados da selva, para não serem localizados pelos aviões do Exército. Pela falta de sol, logo a pessoa se torna pálida, e com o passar do tempo desenvolve problemas de visão. A selva tem sua cor, que é um verde de mil tonalidades, e um cheiro próprio, de vegetação e umidade, que acaba impregnando também as pessoas.

É um ambiente malsão, com um clima asfixiante, quente e abafado durante o dia; qualquer esforço físico, como as longas caminhadas a que nos submetiam, torna-se muito mais difícil. À noite, a temperatura cai bruscamente, por volta das 3 da madrugada. Isso me servia para calcular a hora, pois haviam tirado nossos relógios; quando o frio começava a ficar intenso, eu sabia que eram por volta das 3 da manhã.

A vida na selva tem uma rotina fixa, determinada em grande medida pelas dificuldades e condições impostas por um meio tão hostil à presença humana. Nossos dias eram iguais. Nós nos levantávamos ao amanhecer e nos dirigíamos ao *chonto*, que é um buraco escavado na terra, de mais ou menos 1 metro de profundidade e meio de diâmetro, que fazia as vezes de vaso sanitário. Ali fazíamos as necessidades e depois cobríamos com terra. Depois, limpávamo-nos como podíamos e por volta das 6 da manhã levavam-nos um café preto, quente, adoçado com açúcar mascavo. Ao terminar, com frequência tínhamos de recolher tudo para empreender a caminhada.

Naquela primeira época do sequestro nos mantinham em constante movimento – só em algumas ocasiões nos fizeram parar algumas semanas em um lugar fixo –, adentrando-nos cada vez mais na selva, para evitar que o Exército, que seguia nossos passos, conseguisse nos resgatar. Praticamente todos os dias nos obrigavam a mudar de lugar, avançando a pé, em extenuantes caminhadas, ou de lancha, quando às vezes nos faziam ficar com a cabeça abaixada, cobertas com um plástico para evitar que alguém nos visse. Era uma vida completamente nômade, na qual devíamos estar sempre prontas para sair correndo. Mantínhamos sempre nossas coisas preparadas, porque, a qualquer momento, podiam nos avisar que devíamos seguir. E nas marchas, cada uma de nós ia com sua casa às costas, carregando as coisas básicas, incluindo uma rede de lona, um mosquiteiro e uma barraca também de lona militar, que usávamos como teto para nos proteger da chuva. Outras vezes dormíamos no chão, em cima de folhas de palmeira, como animais.

Uma vez, tivemos de ir de mula porque o caminho era longo e difícil. Supostamente, tinham só uma sela, de modo que os guerrilheiros me perguntaram se eu sabia montar em pelo. Eu disse que não, mas que podia tentar, e assim fiz durante as sete, oito horas que a viagem durou. Quando desmontei o animal, caí no chão de esgotamento. Eu estava tão cansada e tão malcheirosa quanto a mula, com quem ainda tive de dividir a água, porque havia pouca. Aquele passeio foi extenuante, mas agradável, principalmente ao entardecer, porque nos levaram ao alto de uma montanha de onde conseguimos divisar um pouco de planície. A paisagem era maravilhosa. A cor do sol e o céu completamente limpo e azul me encheram de uma excelente energia, apesar de minhas pernas doerem muito, tanto que quase fiquei esfolada. Depois ficaria sabendo que tinham outra sela, mas não quiseram que a usasse por medo que eu fugisse. E é verdade que, quando estava montando o animal, passou-me pela cabeça tentar. Pensei que o caminho por onde íamos me levaria a algum lugar. Mas me contive porque estava cercada por pelo menos uma dúzia de guerrilheiros que seguiam a pé, mas armados, e isso me fez desistir da ideia.

Os dois comandantes que haviam nos recebido, *El Mocho César* e *Mary Luz*, logo ficaram para trás. Tempos depois descobriríamos que em outubro desse ano *El Mocho* havia sido morto pelo Exército quando tentavam chegar até nós. *Mary Luz* foi capturada anos depois nas proximidades de San Vicente del Caguán.

Poucos dias depois designaram novos comandantes e uma nova esquadra para que cuidassem de nós. Aí começou nossa verdadeira peregrinação pela selva. Todo dia caminhávamos até antes do escurecer, quando fazíamos uma pausa para arrumar o lugar onde pernoitaríamos. Dois guerrilheiros limpavam uma pequena área de mato, desmatavam um pouco o solo, cortavam galhos e folhas de palmeira para montar uma espécie de choça e cravavam algumas estacas para pendurar a jaqueta e a bolsa. Mas, às vezes, não tinham tempo sequer de montar essa estrutura básica, e nos limitávamos a pendurar a rede, pôr o mosquiteiro por cima para nos protegermos dos insetos, e a barraca, de modo que era como dormir completamente à intempérie. Eu quase preferia dormir no chão, mesmo que fosse em folhas de palmeira, porque a rede era muito estreita e muito desconfortável, mas com frequência não podíamos porque havia animais ou estava molhado. Dormir em uma cama de tábuas, como fazíamos quando nos mantinham vários dias em um acampamento, era um verdadeiro luxo. Uma vez preparado o lugar para dormir, eu tomava banho, às vezes em um rio, se houvesse oportunidade, mas na maioria das vezes, *a totumadas*, como se diz na Colômbia, jogando água de um balde em mim com algum recipiente, que costumava ser o mesmo pote metálico que usava para comer. Também aproveitava para lavar a roupa que estava usando, uma indumentária militar verde camuflada que me deram no início do sequestro, pois acabava encharcada de suor depois da caminhada. Eu vestia, para dormir, a outra muda que estava seca, e pendurava essa para que secasse. Mas muitas vezes amanhecia e a roupa continuava úmida, e assim a devia vestir. Depois da sessão de lavagem, comia alguma coisa e dormia exausta até o amanhecer do dia seguinte.

Foi realmente uma imersão forçada em um ambiente agreste e difícil, pois a floresta equatorial é densa, úmida, quente e sufocante, com solos difusos, argilosos e úmidos, com coloridos que variam da gama dos amarelos até o café. É o reino do barro, o *chuquio*, como o chamam ali.

Há todos os tipos de aves, mamíferos, répteis e anfíbios. E insetos de todos os tipos, formas, tamanhos e cores. Das aranhas pequeninas às enormes, escorpiões cor de café, pretos e alguns avermelhados, formigas de todos os tamanhos, das pequeninas às rasteiras, que podem nos engolir vivos, baratas que voam, mosquitos, pernilongos, abelhas, vespas, besouros... Em suma, toda uma variedade de bichos com os quais se deve tomar cuidado o tempo todo.

Confesso que tudo aquilo me mantinha acovardada. Eu era muito urbana, e se notava. A cada dia, eu tentava me levantar com meu melhor humor e erguia as mãos para o céu para agradecer a Deus por estar viva e por todas as coisas belas que, apesar de tudo, havia nessas paragens. Mas quando era hora de seguir caminhando pelo meio daquela selva terrível e densa, daqueles terrenos tão inóspitos, com frequência o suor de minha testa se misturava às lágrimas. Eu me sentia no próprio fim do mundo e quase completamente sozinha.

Ainda hoje, para mim é difícil entender como os povoadores daquelas áreas afastadas sobrevivem. Sem mais caminhos que os rios, sem embarcações, sem abastecimento de comida nem de medicamentos, sem roupas nem calçados apropriados, sem nenhum tipo de informação, pois ali não chegam televisão, nem rádio e menos ainda jornais, sem luz elétrica nem fornecimento apropriado de combustível para cozinhar alimentos, sem recursos para construir casas além da madeira e das palmeiras úmidas que dali se extraem e que constantemente são vítimas do gorgulho e do caruncho.

Mas aquela densa selva era nosso entorno, e não nos restava mais nada a não ser tentar sobreviver nela, apesar das dificuldades e carências.

Dificilmente poderei esquecer a primeira vez em que vi um tigre de perto. Causou-me uma impressão enorme, apesar de já estar morto. Nas primeiras semanas de cativeiro, o comandante que na época era responsável por nós de vez em quando dava um jeito de nos recordar que estávamos em plena selva. E, certa manhã, chegou ao acampamento com uma cabeça de tigre ensanguentada. Pelo tamanho, via-se que pertencia a um grande animal. E um tempo depois vimo-lo usando no pescoço um colar feito com as presas que acabara de extrair da fera.

É verdade que à medida que se passaram os meses, fui me adaptando a viver nesse entorno, sempre com os animais à espreita. Uma tarde, quando estava começando a escurecer, eu estava terminando de me vestir depois de ter tomado um banho no rio – naquela época, no início do sequestro, ainda me permitiam fazer isso –, e de repente ouvi um grito muito forte, seguido de vozes de guerrilheiros, como se estivessem lutando. Perguntei-me o que teria acontecido para que se armasse tanta confusão.

Então, vi um grupo de guerrilheiros arrastando uma cobra enorme, dourada, com veios cor de café, que devia ter 6 metros de comprimento e 50 centímetros de diâmetro, se não mais. Vários homens a carregavam, e ainda assim era difícil. Tiveram de cortá-la a machadadas, como se fosse um tronco. Não pude evitar pensar que com esse couro poderia se fazer mais de uma linda bolsa. O comandante me disse bruscamente, como era habitual nele, que devia parar de nadar no rio: "Para esse tipo de cobra, você é apenas um aperitivo". E eu repliquei, em tom de brincadeira, e não acho que tenha gostado muito: "Porque, se comesse o senhor, que é bem gordinho, a cobra ficaria farta, não é?". E, como era de esperar, poucos dias depois o comandante me retirou a licença de tomar banho no rio.

Chegou um momento em que as outras cobras, as que entravam nas *caletas* e deviam ter 1 metro de comprimento, já não me impressionavam tanto. Mas, de qualquer maneira, quando alguém gritava que havia visto uma cobra – e isso acontecia no mínimo uma vez por mês, principalmente quando chovia –, eu sentia um sobressalto.

Também havia bichos menores que nos davam bons sustos, como aconteceu uma manhã quando fui calçar as botas. Felizmente, meus pais haviam me ensinado que, quando se está em terra quente, devemos virar e sacudir os calçados, principalmente as botas e os tênis, porque as aranhas e os escorpiões adoram entrar neles. Essas lições de menina ficaram muito marcadas em mim, e sempre as cumpro. E assim fiz nessa manhã antes de colocar o pé, e vi, horrorizada, sair de minha bota uma aranha peluda de uns 20 centímetros de comprimento, cor de café. Ainda me lembro de suas tenazes. Coloquei a bota no chão e fiquei gelada até que ela se afastou. Foi um susto imenso, e mais ainda em um lugar assim, onde não contavam nem com uma mera aspirina para aplacar a dor, e menos ainda com um soro.

As formigas eram um caso à parte. Uma noite, quando nos instalamos, na época em que já estávamos com outro grupo de cativos, senti um crepitar no chão depois de pendurar a rede na barraca. Desci da rede e gritei "Meu Deus!", ao perceber que o solo estava cheio de formigas imensas, de uns 3 centímetros de comprimento. Para onde quer que me mexesse, eu as encontrava. Eu não tinha lanterna nem lamparina e me desesperei e comecei a gritar como louca, mas nenhum de meus companheiros se mexeu nem disse nada, não sei se por medo de que os guerrilheiros pensassem que era uma revolta. Pelo menos foi o que me disseram no dia seguinte. Pensei com meus botões que essa gente estava tão cansada que já não tinha reflexos nem se importava com nada. E continuei gritando desesperadamente até que por fim o guarda se aproximou, com uma lanterna e o fuzil no ombro, e me censurou dizendo: "Clara, acalme-se de uma vez, essas formigas passam; afaste-se um pouco e acalme-se!" Mas minha *caleta* estava na beira de um precipício, a menos de quinze metros do rio, e como estava muito escuro não sabia para onde me mover, de modo que lhe pedi água para afogá-las, mas não tinha. Disse a ele que pelo menos me iluminasse e tirei da bolsa minhas ferramentas de defesa: o talco para jogar no chão e o creme dental para untar o cordão da rede. Com o talco pelo menos se dispersaram, e até tosse deve ter lhes dado, pois esvaziei todo o pote em cima delas. Quando o guarda acendeu a lanterna, pude vê-las bem: eram enormes, e eu estava descalça! Essa noite não me atrevi mais a deitar na rede com medo de que subissem. No dia seguinte, vi como haviam deixado a roupa que eu havia pendurado na barraca e na corda: toda cheia de buracos; de modo que não tive mais o que fazer senão jogar fora essa muda e ficar só com a que usava. E tive de remendar a barraca. Coloquei nesses bichos o nome de formigas rasteiras. Tornaram a me atacar em outras ocasiões, mas então eu já contava com uma experiência que me ajudou a não sucumbir.

É curioso: ontem levei meu filho Emmanuel para assistir a um musical infantil, no qual os protagonistas tinham de atravessar um bosque encantado e águas pestilentas. É incrível como tudo o que parece fantasia e brincadeira na história era totalmente real na selva. E era dali justamente que ele e eu vínhamos: da selva escura e inóspita.

Capítulo 7

A noite

Durante o cativeiro na selva a noite não é somente o espaço de tempo em que falta a claridade do dia; é também o momento durante o qual aparecem os medos, o desalento, a confusão e a melancolia. É a ocasião em que estamos diante de nós mesmos e sentimos o cansaço e a solidão, um conjunto de emoções e pensamentos que começam a ferver dentro de nós.

Na selva, a partir das 6h30 da tarde começa a cair a noite, que tem várias fases. Primeiro a do barulho, quando emergem as cigarras, os grilos, os vaga-lumes, os sapos e um sem-número de animais, provocando às vezes tal alvoroço que parece o trânsito. Por volta das 7 horas começa a diminuir o estrondo e a escuridão se impõe, e é tão densa que não é possível nem ver os dedos da própria mão. Das 8 da noite às 2 da madrugada é a fase do silêncio; e das 2 até o amanhecer, a do frio.

E essas noites, uma após a outra, durante seis anos de cativeiro, pareciam-me eternas e chegaram a somar milhares de horas de medo, solidão, confusão e tristeza. É algo simplesmente indescritível. E ainda mais duro de suportar, se é que isso é possível, porque permanecíamos muito tempo em vigília, por causa do medo dos animais, de um enfrentamento militar, da chuva ou do vento. Ou simplesmente pela angústia existencial que cada um de nós sentia.

As noites de lua eram especialmente intensas, sobretudo porque pernoitávamos quase ao relento, e a lua, como é bem sabido, gera emoções muito intensas, próximas ao delírio, e exacerba os sentimentos. Mais ou menos um mês após o sequestro, vivi uma noite dessas. Ao ver a lua, decidi me sentar do lado de fora da *caleta*, em uma tábua, e ficar olhando para o céu. Eu estava profundamente preocupada, porque na noite seguinte pretendíamos fugir, e temia seriamente por nossa vida. De modo que passei essa noite olhando para a lua e dizendo a mim mesma: "Isto é uma loucura, que Deus nos proteja".

Vivi outra noite parecida durante minha gravidez. Devia estar de uns seis meses e uma angústia infinita me dominava; não podia nem com minha alma. Saí do precário alojamento onde me mantinham e fiquei a noite toda sentada em uma cadeira olhando para o céu.

Com o tempo, fiquei mais prática e procurava passar as noites em claro em minha rede; assim, pelo menos não sentia tanto frio.

Que contraste tão grande com minhas noites agora em liberdade! Fico surpresa quando as pessoas me perguntam se durmo bem. Por que não haveria de dormir? Em liberdade tudo é alegria, enquanto que em cativeiro a noite era um período de tempo que acabava se transformando em uma carga adicional, difícil de enfrentar e superar dia após dia.

Capítulo 8

Os guerrilheiros

Antes de ser sequestrada, eu tinha notícia das Farc, como quase todas as pessoas que vivem em meu país ou no estrangeiro, apenas pelos meios de comunicação. Na maioria das vezes, os guerrilheiros são retratados como personagens nefastos, perigosos e simplesmente repudiáveis por todas as barbaridades de que são capazes e por seus vínculos com o narcotráfico.

Em poucas ocasiões eu ouvira falar de suas lutas ideológicas; só ao ler algum dos poucos artigos de jornalistas que haviam se interessado pelos líderes guerrilheiros por excelência: *Manuel Marulanda*[1], à frente do comando militar, e *Jacobo Arenas*[2], na direção ideológica. Também havia lido alguns livros sobre as tentativas de paz que ocor-

1. Pedro Antonio Marín, vulgo *Manuel Marulanda* ou *Tirofijo*, foi o líder indiscutível das Farc até sua morte, ao que parece por causas naturais, em 26 de março de 2008, aos 78 anos. Era um líder camponês, e em 1964, sob sua direção, foram fundadas as Forças Armadas Revolucionárias da Colômbia (Farc). Participou de vários processos de paz com sucessivos governos colombianos. Foi muito criticado por tentar solucionar os problemas do país recorrendo a violência, extorsão, sequestro e narcotráfico, em um conflito de várias décadas que ceifou milhares de vidas. (N. do E.)

2. Luis Morantes, vulgo *Jacobo Arenas*, foi o líder ideológico e um dos fundadores das Farc. Faleceu de câncer em 1990. Considerava-se uma espécie de sucessor de Ernesto *Che* Guevara, a quem admirava, e instruiu os guerrilheiros na doutrina marxista-leninista. (N. do E.)

reram durante a década de 1980 e as aproximações que se haviam conseguido com os diversos governos, nas poucas ocasiões em que puderam se sentar à mesa de negociações. Seguira mais de perto o último processo de paz, também frustrado, e o estabelecimento da zona desmilitarizada de 1998 a 2002.

De maneira que tenho de reconhecer que desde o primeiro momento, e quase até o último, eu estava prevenida contra eles, e não posso dizer que me inspiraram simpatia. E tenho a impressão de que esse sentimento era mútuo, devido ao meu caráter independente, minha educação e meu amor por meu país, minha família e os meus.

Mas, de qualquer maneira, o contato que tínhamos com eles era mínimo, e somente com comandos médios e os guardas, que eram meros guerrilheiros humildes, de origem camponesa ou indígena, muitos deles procedentes de municípios do sul do país. Limitavam-se a nos vigiar, a nos alimentar e a atender a nossas necessidades mais básicas, e raras vezes falavam conosco. Na maioria dos casos tratava-se de gente iletrada, jovem, com idade média entre 18 e 35 anos, dinâmica, com um nível importante de treinamento e disciplina militar, mas com pouca informação geral e nenhum conhecimento do país, do mundo, em suma, da civilização.

São, além do mais, pessoas com poucos laços familiares, com nenhum senso de pertinência ao país ou à sociedade no conjunto. Alguns, inclusive, eram menores de 18 anos. Causava-me uma profunda dor ver meninos e meninas armados com um fuzil no ombro, cortando madeira, carregando coisas, fazendo guardas absurdas, recebendo uma assistência médica mínima, pouca comida e só esporadicamente roupa e itens de higiene pessoal. Só chegavam a receber o que eles mesmos chamam de formação *fariana* (que provém exclusivamente das Farc), com o grau de doutrinação que isso implica.

Portanto, todos eles são ensinados e estão acostumados a pensar que a única existência possível e o único futuro estão nas Farc, principalmente quando ingressam com pouca idade e se tornam adultos dentro da guerrilha. Têm um nível aceitável de inteligência, sobretudo da perspicácia necessária para sobreviver nesse ambiente. Sem dúvida têm de sobra o que se conhece como malícia indígena. E, em parte, isso explicaria os fracassos de seus chefes nos processos de paz, porque não conseguem estabelecer com a outra parte um mínimo de confiança que permita avançar na negociação.

Em várias ocasiões me perguntaram se tive oportunidade real de falar com os membros do secretariado das Farc[3] ou com o próprio *Manuel Marulanda*. A resposta é não, pois com os poucos membros do secretariado que encontrei durante o cativeiro não tive a oportunidade de trocar mais que umas poucas palavras; nunca pudemos travar um verdadeiro intercâmbio de ideias. Quanto a *Marulanda*, jamais foi nos ver em nenhum dos lugares em que nos mantinha cativas, e também não me informaram de que houvesse tido a intenção de fazê-lo ou de falar conosco.

Só recebemos notícias dele em uma ocasião, durante o primeiro ano de cativeiro, quando *El Mocho César* foi nos levar uma mensagem na qual mandava nos cumprimentar. Também dizia que esperava que, apesar das circunstâncias, estivéssemos bem e nos pedia que preparássemos uma mensagem curta porque nos gravariam para enviar a nossas famílias e aos meios de comunicação.

---

3. Órgão dirigente das Farc composto por sete membros. Após a morte de *Marulanda*, seu líder máximo durante mais de quarenta anos, Guillermo León Sánchez Vargas, vulgo *Alfonso Cano*, passou a ser o comandante-em-chefe dos guerrilheiros. O secretariado sofreu também, em março de 2008, a perda de outro membro importante, Luis Edgar Devia Silva, vulgo *Raúl Reyes*, durante um ataque aéreo do exército colombiano em 1.° de março em território equatoriano. *Reyes* foi substituído por *Joaquín Gómez*, responsável pelo Bloco Sul. (N. do E.)
Os outros integrantes do secretariado são Rodrigo Londoño Echeverri, vulgo *Timoleón Jiménez*, Jorge Briceño Suárez, vulgo *Mono Jojoy*, Luciano Marín Arango, vulgo *Iván Márquez*, Wilson Valderrama, vulgo *Mauricio* ou *El Médico* e Jorge Torres Vitória, *Catatumbo*. (N. do E.)

Essas foram as primeiras provas de sobrevivência que deram de nós e foram gravadas em maio de 2002 nas profundezas das selvas do sul da Colômbia onde nos mantinham presas. Depois, soubemos que foram transmitidas pela televisão em julho desse mesmo ano. E foi aí que minha família soube que eu continuava viva, porque, já libertada, fiquei sabendo que a família de Ingrid só entregara meses depois a mensagem que eu escrevera junto com ela assim que fomos sequestradas. Ao que parece, tinham um zelo excessivo de preservar seu protagonismo, em detrimento do direito à informação que tinha minha própria família. Foi uma crueldade, por sua vez, adiar a entrega a meus familiares de palavras que estavam dirigidas a eles e que tanto teriam estimado naqueles momentos de angústia.

Um ano depois, em maio de 2003, quando já estávamos em outro acampamento, e acabava de ocorrer o funesto falecimento – durante um resgate fracassado – do governador do departamento de Antioquía, seu assessor de paz e oito soldados[4], *Joaquín Gómez*, responsável pela frente que havia nos sequestrado no departamento de Caquetá, ao sul do país, foi nos ver. Foi pegar novas provas de sobrevivência, coisa a que eu não me opunha, pois considerava que era uma oportunidade enviar uma mensagem a minha família, quem sabe a última, como assim foi. Naquela época, eu tinha o pressentimento de que o Exército estava muito perto de nós e temia que nós mesmas pudéssemos ser o próximo alvo de uma operação militar. Isso nos mantinha em constante inquietude e com uma angústia permanente.

4. Guillermo Gaviria e Gilberto Echeverri haviam sido sequestrados pelas Farc, junto com vários soldados. Segundo vários sobreviventes do ocorrido em maio de 2003, os guerrilheiros que os custodiavam atiraram neles, cumprindo as regras da guerrilha, durante uma tentativa de resgate do exército colombiano. Essa tragédia motivou uma forte rejeição por parte da opinião pública, e especialmente dos familiares dos outros sequestrados, a esse tipo de operação militar, e deu lugar a uma mudança na estratégia do governo do presidente Álvaro Uribe. (N. do E.)

Anos mais tarde, poucas semanas antes de ser libertada, o ministro confirmou que, de fato, o Exército já havia nos localizado naquela época e que chegaram a se situar a poucas horas do local onde nos mantinham presas.

Quando vi *Joaquín Gómez* desembarcar de sua lancha, perguntei à guerrilheira que nos levava comida quem era e de onde vinha. Ela me confirmou que se tratava de *Joaquín* e que era de La Guajira, um departamento do norte da Colômbia, na fronteira com a Venezuela. Cheguei a visualizar um homem de maneiras gentis, como normalmente são os costeiros na Colômbia. Enquanto esperei em minha *caleta* que se aproximasse, começou a vir um mau cheiro, e pensei: "Vejam só, esses homens também têm diarreia ou dor de barriga diante de uma situação difícil". E me lembrei do livro de Gabriel García Márquez, *O general em seu labirinto*, em que faz referência aos males do estômago do libertador.

Quando *Joaquín* finalmente chegou até onde eu estava, vinha acompanhado de um comandante chamado *Fabián Ramírez*[5], que se apresentou a mim, porque não o conhecia, e de outro que disse ser *Martín Corea*. Antecipei-me a cumprimentar gentilmente Joaquín, dizendo: "Como vai, Joaquín, tudo bem?". E sua resposta, para surpresa de todos, foi igualmente gentil: "Olá, Clarita". A seguir, cumprimentou Ingrid e foi andando para outro lugar. *Fabián* e *Martín Corea* me disseram que esperasse ali, e o primeiro me perguntou por minha família, algo que me surpreendeu. Depois, entendi que era porque foram buscar provas de sobrevivência.

Um pouco depois *Joaquín* tornou a se juntar a nós duas, e eu, não sei por quê, tive a ideia de lhe perguntar pelo massacre de Bojayá[6] que acabara de ocorrer. Depois me arrependi, porque isso o deixou

---

5. Líder guerrilheiro. (N. do E.)

6. Uma centena de civis que haviam se refugiado em uma igreja, para ficar a salvo dos violentos combates entre a guerrilha e os paramilitares, morreu em 2 de maio de 2002, quando explodiu uma bomba lançada pelas Farc. (N. do E.)

de mau humor, de modo que, quando mais tarde me atrevi a pedir-lhe que nos libertasse, respondeu-me com um sonoro NÃO, sem que seu rosto sequer se enrugasse. A secura de sua resposta doeu em mim, e me retirei para minha *caleta*; não lembro que desculpa lhe dei e comecei a chorar desconsoladamente, como uma menina, a ponto de molhar a camiseta que usava. Logo depois *Joaquín* foi se despedir, e eu insisti: "Não ficará muito pesada essa carga de nos manter sequestradas?" Mas ele não respondeu nada e foi embora.

Uma semana depois voltou com uma câmera. Primeiro gravaram minha mensagem, em um dos cenários mais complicados de minha vida. À minha frente estava o cinegrafista, que era esse *Fabián Ramírez*, e até que não era ruim com a coisa; de um lado Ingrid, mais atrás *Joaquín*, e ao fundo todos os guerrilheiros da esquadra que nos vigiavam, que deviam ser dezessete, mais os visitantes. Estavam todos armados e calados, olhando fixamente para mim. Quando eu ia começar a falar, *Joaquín* pôs-se em pé e ajeitou os dois revólveres que portava na cintura, fazendo seu rosto mais sério. Sendo um homem extremamente magro e um pouco mais baixo que eu, seu uniforme ficava folgado, e me pareceu uma cena cantinflesca[7].

Encomendei-me a Deus, como era meu costume, e não sei de onde tirei forças para me abstrair de tudo aquilo e falar dez minutos seguidos. Imagino que pensar em minha mãe e em minha família me motivou; acima de tudo, queria enviar-lhes minha mensagem, que poderia ser resumida assim: "Eu amo vocês, e continuarei amando, e o que mais desejo é poder estar com vocês". É verdade que, no início de cada dia, meu primeiro pensamento era sempre para minha mãe; recordava todos os seus bons ensinamentos e os momentos tão maravilhosos que vivi com ela, e isso me dava forças para sobreviver na selva.

---

7. Cantinflas é um personagem cômico muito conhecido na América Latina e na Espanha, interpretado em inúmeros filmes pelo ator mexicano Mario Moreno, que morreu em 1993. (N. do E.)

Semanas depois, em meados de 2003, transferiram-nos às mãos de outra frente, a de Jorge Briceño, vulgo *Mono Jojoy*, outro dos membros mais importantes do secretariado das Farc. No caminho, fomos recebidas por seu braço direito, o comandante *Martín Sombra*[8], de quem me lembro particularmente porque mandou que nos vendassem para nos transferir de um lugar para outro. Fomos transportadas de caminhão com um lenço cobrindo os olhos, para que não soubéssemos para onde estávamos indo. *Martín Sombra* é o protótipo do guerrilheiro perspicaz, cauteloso e desconfiado; pertencia à velha guarda de Marquetalia[9] e era um dos poucos companheiros de hostes que ainda restavam a *Manuel Marulanda*. Devia ser um homem da mais absoluta confiança de *Mono Jojoy* e, sem dúvida, contaria com uma experiência guerrilheira importante, pois foi responsável, durante vários anos, por um grupo enorme de reféns[10], composto por 28 soldados e policiais, três americanos[11] e uma dezena de civis, entre os quais havia ex-congressistas, ex-governadores e quatro mulheres, eu inclusive[12].

Em uma ocasião, inclusive, preparou a visita de seu chefe, *Mono Jojoy*, a nosso acampamento, onde foi nos ver, mas, que eu saiba, não falou com nenhum dos detidos; limitou-se a passar direto diante

---

8. Hely Mejía Mendoza, vulgo *Martín Sombra*, era um líder da guerrilha, conhecido como *El carcelero* das Farc, por ser o encarregado de custodiar os cativos, a quem tratava sem piedade. Foi capturado pela polícia colombiana em 26 de fevereiro de 2008. (N. do E.)

9. Marquetália é uma zona rural e afastada do sul da Colômbia, no meio da cordilheira, no departamento de Tolima. É conhecida como o berço das Farc, por ser ali que em 1964 um grupo de camponeses rebeldes pôs-se em armas liderados por *Manuel Marulanda*. (N. do E.)

10. Aproximadamente em outubro de 2003, Ingrid e Clara foram levadas, junto com outros cativos que haviam se juntado a elas nas últimas semanas, ao acampamento dirigido por *Martín Sombra*, onde já havia um grupo de militares e policiais sequestrados. (N. do E.)

11. Os norte-americanos Thomas Howes, Keith Stansell e Mark Gonsalves foram sequestrados pelas Farc quando participavam de uma missão antidrogas e o avião em que viajavam caiu - segundo os Estados Unidos, derrubado pela guerrilha - no meio da selva, em 13 de fevereiro de 2003. (N. do E.)

12. As outras mulheres eram Ingrid Betancourt, Consolo González de Perdomo e Gloria Polanco de Lozada.

de nós. Meses antes, havíamos encontrado com ele, que nos cumprimentara brevemente e me parabenizara pela prova de sobrevivência: "Clara, você fica bem na televisão". Fiquei calada, porque não esperava que me dissesse isso, e com o que já havia acontecido com *Joaquín Gómez*, não tive ânimo de pedir de novo que nos libertassem.

Capítulo 9

O pudor

O pudor é uma atitude de modéstia e reserva. Essa foi a disposição com que assumi o cativeiro: com honestidade, entendida como o sentido da decência e do decoro, do razoável e do justo. Em que momento Deus me deu essa luz? Quase diria que desde o primeiro momento em que me senti cativa compreendi que era melhor me comportar assim, talvez também pela forma como havia sido educada.

Mantive essa atitude, em primeiro lugar, diante de mim mesma, mas também diante de minha amiga, a quem havia decidido acompanhar, diante de meu país, do governo, e em geral diante das instituições do Estado e de meus colegas de cativeiro.

Falo de honestidade porque a todos, sem exceção, quando surgiu a oportunidade, manifestei meus pensamentos, minha ilusão de recuperar a liberdade, e meu respeito por suas opiniões, embora em muitos casos não estivesse de acordo com elas, ou até me incomodassem ou me causassem hilaridade.

Também sempre me comportei com recato e reserva, particularmente diante das notícias, diante da dor e das diferenças com as demais pessoas. Em todo momento tentei buscar espaços para compreender, digerir e decantar, antes de reagir.

A convivência entre os sequestrados, naquelas condições de extrema precariedade e com o medo permanente de que se desencadeasse um enfrentamento entre o Exército e a guerrilha, o que teria sido, com muita probabilidade, fatal para nós, era muito difícil e, como era inevitável, ocorreram tensões. Começar agora a explicar as particularidades é doloroso e fútil para mim. Não cabe a mim julgar as atitudes dos outros prisioneiros, sobretudo quando, ainda hoje, muitas delas continuam sendo incompreensíveis para mim. Não quero me aventurar a especular sequer que pensamentos passariam pela mente ou pelo coração deles, pois correria o risco de me equivocar. Prefiro limitar-me a dizer que as relações entre os sequestrados foram muitíssimo tensas durante a maior parte do cativeiro. Evidentemente, também tive problemas, como todos; cometi erros e mais de uma vez me tiraram do sério, apesar de eu tentar me manter serena.

Mas, acho que graças a essa atitude, que sintetizo no vocábulo pudor, conquistei um nível de credibilidade e respeito que, com o passar do tempo, me ajudou na tarefa de sobreviver, e evitou que eu tivesse mais um problema além do cativeiro. Essa maneira de agir me proporcionou tranquilidade de consciência e acho que facilita um espaço para a reconciliação.

Capítulo 10

A amizade

Para mim, a amizade é um valor essencial; assim me inculcaram desde menina. E, em primeiro lugar, quero recordar aquele que foi, quem sabe, meu melhor amigo: meu pai. Compartilhamos durante sua existência tantos e tão variados momentos que o levo sempre na alma. Desde pequena me fez entender o valor da amizade; recordo-o como bom amigo de seus amigos, que em seu enterro me fizeram diversos comentários sobre o vazio que havia deixado ao morrer. Era uma pessoa respeitosa, alegre, desinteressada, generosa com seu tempo e seus conselhos.

Ele me fez entender desde muito menina que, além de ser meu pai, era e seria meu amigo, como de fato foi. Eu era sua preferida, dedicava-me tempo, daquele que chamamos de tempo de qualidade. Preocupava-se muito com minha educação: sabia que eu era a única e a menor depois de quatro irmãos homens e estava empenhado em que eu aprendesse a me virar. E me preparou para isso. Nunca fomentou minha dependência para com eles, porque queria que eu soubesse me valer por mim mesma; e com esse espírito me educou e me apoiou até que me formei na faculdade. Ficou muito feliz com meu primeiro emprego, de meio período em um escritório de advocacia. A cada ano de faculdade eu investia meu salário em viagens, e meus pais me davam uma soma igual à que havia economizado durante o ano. Isso me permitiu trabalhar durante o ano e viajar de férias a diversos lugares do mundo.

Desde pequena, a amizade foi, para mim, uma maneira de me aproximar de outras pessoas de modo desinteressado, sem esperar nada em troca. Isso implica aprender também o valor da entrega e seus limites. Nesse sentido, meu pai me dizia: "Clara Lety – pois meu segundo nome é Leticia, e assim me chamavam meus pais –, acompanhamos os amigos até o cemitério, mas não nos enterramos com eles".

Talvez essa fosse também sua maneira de me preparar, para que quando ele morresse, eu não me deixasse afundar pela dor e seguisse em frente. E, efetivamente, quando esse triste momento chegou, para mim foi algo muito difícil de enfrentar. No momento do sequestro, fazia apenas um ano que ele havia morrido, e o luto estava ainda muito recente em meu coração e minha alma. Mas é verdade que com sua ausência o conjunto de seus ensinamentos se afiançou ainda mais em minhas recordações, e isso me permitiu refletir e enfrentar com integridade a difícil prova do cativeiro na selva.

Aquele dia em que decidira ir com Ingrid naquela viagem, mal podia imaginar que a estava acompanhando ao nosso enterro.

Quando entendi que havíamos sido sequestradas, perguntava-me sem parar, durante as longas noites de insônia: "Como foi que vim parar neste buraco?".

E tive de implorar a Deus, pois me sentia como Davi no Salmo 22: "(...) Pois me rodearam cães; o ajuntamento de malfeitores me cercou, traspassaram-me as mãos e os pés (...) Poderia contar todos os meus ossos; eles veem e me contemplam (...) Repartem entre si as minhas vestes, e lançam sortes sobre a minha roupa (...)".

Quem sabe quantas vezes as pessoas nos deram por mortas. Mais de uma vez disseram a minha mãe que eu havia falecido, e na verdade continuava viva, perguntando-me o que teria me levado até as profundezas dessa selva: a amizade, mas também minhas convicções.

Ingrid e eu havíamos nos conhecido quando trabalhávamos no Ministério de Comércio Exterior. O ministro, naquela época, era o atual ministro da Defesa, e como tal foi quem liderou a *operação Jaque*[1].

Éramos assessoras dele para assuntos de propriedade intelectual, de modo que devemos a ele terem nos posto juntas. Eu era ainda muito jovem e me alegrava ter a oportunidade de fazer algo por meu país. Aquele cargo nos permitiu entender como funcionava a burocracia estatal, e isso nos preparou o terreno para nos lançarmos, um ano depois, ao Congresso da República.

Ingrid teve a ideia, e a mim pareceu interessante acompanhá-la e apoiá-la nesse empenho. Naquela época ninguém nos conhecia e, apesar disso, assumimos o desafio de nos candidatarmos às eleições legislativas pelo Partido Liberal. Ela encabeçava a lista, e eu vinha em segundo lugar. Foi escolhida representante na Câmara com o maior número de votos. Aquilo, mais que uma mera conquista, representava um estrondoso sucesso.

1. Juan Manuel Santos, ministro da Defesa, pôs em andamento a *operação Jaque*, a engenhosa manobra militar com que o Exército colombiano conseguiu libertar, sem disparar um único tiro, em 2 de julho de 2008, Ingrid Betancourt e outros catorze sequestrados, incluindo os três reféns norte-americanos. Um grupo de inteligência militar simulou um traslado humanitário de reféns e assim conseguiu enganar os guerrilheiros, liderados pelo comandante *César*, que os mantinham cativos. (N. do E.)

Ali nasceram laços importantes de amizade, fraternidade e entendimento, que se mantiveram durante anos. Embora não estivéssemos juntas no dia a dia, de vez em quando nos encontrávamos para tomar café, almoçar ou ir visitar nossos pais, momentos que atualizavam e mantinham viva nossa amizade. Por isso, quando no início de 2001 ela me ligou para que nos encontrássemos e me contou que estava pensando em abandonar o Senado para começar sua carreira presidencial, não estranhei. Eu achava que era o passo seguinte que devia dar, embora aquilo requeresse um grande trabalho para atingir o objetivo. Ela me convidou, então, a participar de sua campanha, e depois de pensar durante dois meses, nos quais ajeitei vários assuntos pessoais e fiz uma viagem a Londres que já havia previsto, juntei-me a sua campanha, em 1.º de setembro de 2001, como chefe de gabinete.

Minha chegada coincidiu com a de outras pessoas, e juntos conseguimos criar um bom ambiente e consolidar uma verdadeira equipe. Logo começamos a coordenar uma série de atividades e eventos que eram muito estimulantes, por causa da resposta tão positiva das pessoas, e fomos crescendo rápido. Infelizmente, aquilo não durou, pois muitos dos integrantes da campanha queriam mesmo era participar de uma lista para o Congresso, e quando perceberam que não era esse o objetivo, e sim aspirar à Presidência, partiram em debandada. Isso aconteceu pouco antes de sermos sequestradas e contribuiu para que os dias anteriores à viagem a San Vicente del Caguán fossem especialmente difíceis. Coube a mim assumir a direção da campanha e também começar a cuidar do aspecto financeiro, sem descuidar das questões políticas. Tornei-me uma espécie de faz-tudo. E talvez isso explique por que me vi naquele dia no aeroporto de Florencia, aonde fui para não a deixar sozinha.

Capítulo 11

A fuga

Acho que era o libertador Simón Bolívar que dizia que, quando uma pessoa deseja sua liberdade intensamente, ela a acaba encontrando.

No dia seguinte ao sequestro, pedimos aos guerrilheiros um colchão plástico para fazer ginástica e um tabuleiro de xadrez para passar o tempo. Poucos dias depois nos deram as duas coisas, e daríamos a elas uma segunda utilidade: o plástico, que era preto, ia nos servir também como capa impermeável e camuflagem na fuga noturna. E o tabuleiro de xadrez nos permitiu criar um pequeno espaço em que os guardas não ficavam tão em cima de nós, pois pensavam que estávamos distraídas jogando. E, assim, fingindo estar concentradas nas peças, fomos idealizando, projetando e concretizando nosso plano de fuga.

Não se passaram nem três dias de sequestro e já havíamos começado a pensar em fugir, e nos fizemos a promessa de fugir juntas tão logo tivéssemos oportunidade, algo que, pensando bem, era uma verdadeira loucura, porque os guardas que nos vigiavam estavam armados até os dentes e não tiravam o olho de nós nem por um instante. Eles, na realidade, estavam felizes por nos manter cativas, pois isso lhes proporcionava certo prestígio dentro de seu grupo armado.

Nas primeiras semanas nos levavam de um lugar a outro quase diariamente. Todos os dias eram regidos pela mesma rotina: levantávamos cedo, quase ao amanhecer, recolhíamos as poucas coisas que tínhamos e caminhávamos praticamente o dia todo até encontrar, antes do escurecer, um lugar onde pernoitar. Ao chegar, os guerrilheiros tinham de preparar o lugar não só para nós, como também montar um pequeno acampamento para eles e trazer a comida. Deviam, ainda, localizar um lugar para estocar água e fazer uma fogueira para preparar a comida. Tudo isso, cansados de uma longa caminhada, com o equipamento e as armas a tiracolo. Por isso, decidimos que esse momento de chegar a um novo lugar, quando estavam organizando tudo, era a oportunidade ideal para fugirmos.

Um dia, mais ou menos uma semana depois do sequestro, chegamos a um lugar que ficava relativamente perto de uma estrada que havíamos visto ao passar. Deviam ser 6h30, estava começando a anoitecer e decidimos empreender a fuga. Mas encontramos um guarda bem no momento em que estávamos saindo do acampamento e não tivemos mais coragem de seguir em frente. Limitamo-nos a perguntar-lhe onde ficava o *chonto*, e para ali nos dirigimos. A noite, de qualquer maneira, era muito escura; não víamos nem a nós mesmas, de modo que provavelmente não teria sido a mais adequada. Retornamos a nossa *caleta* e decidimos planejar com mais cuidado todos os detalhes da fuga. Era primordial encontrar uma maneira de não nos perdermos e de nos mantermos unidas, pois teríamos de caminhar em total silêncio na escuridão.

Fomos elaborando uma pequena lista das coisas que precisaríamos levar conosco: uma corda para amarrar uma à outra pela cintura, dois sacos plásticos onde guardar pelo menos uma muda de roupa íntima, um pouco de comida para resistir alguns dias, os poucos itens de higiene que tínhamos (sabonete, escova e pasta de dente), uma corda adicional para montar uma balsa ou juntar paus que flutuassem, uma lanterna e pilhas.

Sabíamos que, durante a noite, os guerrilheiros passariam revista a cada hora ou a cada duas horas. Por isso, faríamos dois vultos na *caleta* para fingir que estávamos dormindo, pelo menos até o amanhecer: isso nos daria pelo menos nove ou dez horas de vantagem antes que percebessem nossa fuga e começassem a procurar por nós. Decidimos que iríamos com os uniformes verdes-oliva que haviam nos dado como muda e, assim, deixaríamos na cama nossos jeans, cheios de papel para que parecessem corpos. Ao lado deixaríamos as botas, para que não suspeitassem de nada, e calçaríamos os tênis que usávamos no dia do sequestro.

Depois de um mês em cativeiro, julgamo-nos finalmente prontas para o grande momento. Já havíamos providenciado uma corda, uma lanterna, pilhas de reserva, três sanduíches para cada uma e até um queijo que nos haviam dado – o único que veríamos durante todo o sequestro –, sacos plásticos para guardar uma muda de roupa íntima, meias, uma camiseta que poderia servir de toalha, uns cordõezinhos para amarrar os sacos e duas garrafinhas de plástico vazias para encher de água no caminho, como havíamos visto os guerrilheiros fazerem; eles normalmente não levam água e vão identificando pelo caminho o lugar de onde a retirar.

Tiramos os cintos dos jeans para utilizá-los como alças para carregar as sacolas no ombro, como uma mochila. Faltava-nos só um facão para abrirmos caminho no emaranhado verde da selva. Eu ficava apavorada só com a simples ideia de pegar o facão de um dos guerrilheiros, porque, se nos descobrissem, tudo iria por água abaixo. Mas Ingrid insistia que era imprescindível, e ela mesma se encarregou de conseguir um da maneira mais audaz e descarada: ao voltar do banheiro, pediu licença para ir ao local onde preparavam os alimentos e, aproveitando um descuido da pessoa que estava ali, pegou a faca e colocou-a no meio da roupa que havia levado para se trocar. Isso nos custaria, depois, escondê-lo e carregá-lo durante a caminhada sem nos ferirmos.

Já com tudo pronto, esperamos o momento adequado para a fuga, que não podia demorar muito mais tempo porque já estávamos no final de março, quando as noites são mais claras. Certa noite de maravilhosa lua cheia, que iluminava toda a selva, marcamos nossa fuga para a noite seguinte. Durante o dia todo agimos com total normalidade, para que os guerrilheiros não suspeitassem de nada. E, ao escurecer, fomos nos deitar assim que pudemos para preparar os bonecos que deixaríamos em nosso lugar e sair.

Tivemos a sorte de, por volta das 7 horas, desabar uma chuva imensa. A noite ficou muito escura, e não se via nada, mas o barulho ensurdecedor da chuva nos oferecia uma oportunidade ideal para fugir sem ser ouvidas, de modo que decidimos seguir adiante com nossos planos. Deixamos o boneco montado e saímos da *caleta*. Ingrid primeiro e eu atrás.

O mais difícil era atravessar o primeiro círculo de segurança dos guardas sem sermos vistas. Apesar da intensa chuva, não podíamos nos arriscar a fazer barulho. Saímos pela parte de trás da *caleta*, arrastando-nos pelo chão até o *chonto*. Nesse trajeto, que eram poucos passos, demoramos quase uma hora. Acho que nunca na vida experimentei um estado de excitação e nervosismo como aquele. Eu transpirava copiosamente e estava tão alerta que parecia um gato, com um olho na frente e outro atrás.

Por fim conseguimos chegar ao *chonto*, sem ligar a lanterna nem fazer barulho. Continuava chovendo. Ficamos em pé e adentramos sigilosamente a selva. Ali não havia maneira de se orientar nem de seguir direção alguma; por todo lado havia árvores e mato. De modo que fomos caminhando por onde melhor nos parecia, acendendo de vez em quando a lanterna para ver o chão. De repente, tropecei em algo e rolei por uma espécie de descida. Não pude evitar um grito, mas logo me calei, gelada do susto. Um galho havia se enrolado em minhas pernas e havia me arranhado, mas não era nada sério. Retomamos a marcha e caminhamos durante horas, não sei por quanto tempo, até que, extenuadas, decidimos parar para descansar. Continuava chovendo, estávamos encharcadas e nos sentamos à beira de um rio em cima do plástico preto. De repente, começamos a ouvir um barulho perto de nós; não sabíamos identificar que animal poderia ser; eu pensei que fosse um jacaré, porque o ouvíamos se arrastar. Acendemos a lanterna, mas não vimos nada e, ao apagá-la, continuávamos ouvindo, de modo que nos levantamos e retomamos a caminhada. O rio não era muito largo, mas não nos atrevíamos a atravessá-lo, e decidimos seguir rio acima, ou talvez fosse rio abaixo, porque não havia maneira de saber naquela paragem que era igual por todos os lados. Mas não tardamos a perceber que o rio formava uma espécie de espiral, e suas margens estavam completamente cobertas de vegetação, o que dificultava nossa marcha; por conta disso adentramos de novo a selva para conseguir avançar. Já estava prestes a amanhecer e tínhamos de encontrar um lugar para nos esconder. De repente, ouvimos o motor de uma lancha; era óbvio que já estavam nos procurando.

Permanecemos quietas, quase paralisadas, sem piscar, um bom tempo antes de continuar caminhando. E quando amanheceu, tive uma grande surpresa ao ver onde nos encontrávamos. O chão estava completamente coberto de água enlameada e de uma fechada camada de mato, que se enredava como um nó em torno de nosso corpo quando tentávamos avançar. Não sabíamos em que estávamos pisando. Tentamos abrir caminho com o facão, primeiro uma, depois a outra, mas foi uma missão impossível. Estávamos exaustas e debilitadas pelo enorme esforço emocional que havíamos feito para sair do acampamento. Estávamos com frio depois de termos passado a noite toda em claro, angustiadas e encharcadas pela chuva. Continuávamos ouvindo o motor da lancha bem próximo e, por mais que tentássemos, não conseguíamos avançar. Fomos tomadas de tal pânico de repente que retrocedemos como pudemos alguns passos até o rio, enterramos o facão e as coisinhas que tínhamos embaixo da terra e nos sentamos à beira do rio para esperar simplesmente que fossem nos buscar. E, de fato, em poucos minutos apareceu uma lancha carregada de bananas verdes com um guerrilheiro, que disse: "O comandante está uma fera! Como foram pensar em fugir? Podiam ter morrido". Deve ter nos encontrado, sem dúvida, com uma aparência muito ruim, molhadas, pálidas e com o rosto marcado pelo cansaço e pelo desânimo.

Ao chegarmos ao acampamento, vimos que o comandante estava muito irritado. Havia chegado outro levando mantimentos e estavam organizando a comida. A única coisa que nos ocorreu foi pedir desculpas e garantir que não tornaríamos a tentar. Levaram-nos até um lugar onde nos deram uns baldes de água para que tomássemos banho e nos deixaram ali. Passava do meio-dia e estávamos morrendo de fome; serviram-nos duas bananas verdes recém-assadas na lenha para que comêssemos. No fim da tarde transferiram-nos para outro acampamento, onde ficaríamos alguns dias.

O desânimo e a frustração se apoderaram de nós após essa frustrada tentativa de fuga. Havíamos perdido uma oportunidade de ouro. Fizemos o mais difícil, que era planejar tudo e deixar o acampamento para trás, burlando os guardas, mas depois não fomos capazes de atravessar o rio nem de avançar na selva. Acho que aquele barulho de animal que não conseguíamos identificar foi o que nos acovardou. Também é verdade que foi duro enfrentar ao mesmo tempo a noite, a chuva e a escuridão, no meio da selva, sem saber nem onde estávamos nem para onde íamos.

Mas não nos demos por vencidas e prometemos tornar a tentar, como fizemos poucas semanas depois. Nessa ocasião, conseguimos permanecer na selva três dias inteiros, mas a segunda noite quase nos custou a vida. Ao escurecer, levantamos uma espécie de choça, usando o plástico preto como teto, para nos protegermos da chuva. Deitamo-nos no chão e logo adormecemos, porque estávamos exaustas. Mas pouco tempo depois acordamos com o ruído da água – não só da chuva – que estava inundando o chão. Levantamo-nos rapidamente e pegamos o que pudemos no meio da escuridão; não conseguimos encontrar o facão. O nível da água subia velozmente e em poucos minutos já nos chegava à altura do peito. Tentamos subir em uma árvore, mas não conseguimos, e fomos tomadas por uma angústia enorme. Lembro de ter clamado ao céu: "Meu Deus, não quero morrer afogada aqui!". Ainda bem que, apesar do desespero e da escuridão, conseguimos encontrar uma espécie de trilha, ladeira acima, e ir deixando a água para trás, até que chegamos a uma parte seca, onde ficamos paradas até que amanheceu. Mas depois de ter superado essa dura prova foram a selva fechada e o cansaço que nos venceram de novo e fizeram com que nos rendêssemos novamente diante da impossibilidade de sair por nossos próprios meios daquela selva inextricável.

Dessa vez, quando os guerrilheiros nos encontraram já não tiveram nenhuma comiseração conosco e foram muito rudes. Inclusive apontaram a arma para nós e ameaçaram nos matar se tornássemos a tentar fugir. Evidentemente, a partir de então perderam toda a confiança em nós e não nos deram mais nada, nem sequer uma lanterna. Estavam muito aborrecidos e disseram que havíamos passado dos limites e, em suas próprias palavras, que éramos *muito fodidas*. Eles falavam pouco, e de cada cinco palavras que saíam de sua boca, normalmente quatro eram grosserias. Eu replicava que, se assim fôssemos, não estaríamos sequestradas. Tiveram de reportar nossa nova tentativa de fuga e pedir reforços na região para procurar por nós. Até trocaram nosso comandante e os guardas, e os novos chegaram muito predispostos contra nós e decidiram nos castigar acorrentando-nos durante um mês.

Colocaram em cada uma de nós, no tornozelo, um cadeado com uma corrente de uns três metros, que ficava amarrada a uma árvore, de modo que quase não podíamos nos movimentar. Só nos soltavam para ir ao banheiro; o resto do tempo ficamos acorrentadas como animais, inclusive durante a noite. Eu me atormentava pensando o que poderia acontecer se houvesse uma inundação ou se surgisse qualquer outro problema e os guerrilheiros não encontrassem a chave do cadeado a tempo. Foi a única vez em que me acorrentaram durante todo o sequestro, mas esse episódio deixou em mim uma marca indelével. Ter nos acorrentado me pareceu, então, e hoje continua me parecendo, uma barbaridade. Era a primeira vez em toda minha vida que me sentia tratada como um animal. Não há outra maneira de descrever. Foi algo que me impressionou demais, que me enfureceu e me fez sofrer enormemente. Cheguei a me sentir o ser mais miserável sobre a face da terra, e aqueles guerrilheiros me pareceram os seres mais detestáveis que jamais imaginei conhecer.

Mas, ainda assim, consegui controlar minha ira, dor e angústia, permanecendo em silêncio. E acho que foi quando minha atitude em relação a Ingrid começou a mudar. Fiquei irritada porque, na segunda tentativa de fuga, ela havia se descontrolado diante de um vespeiro em pleno dia. Lembro nitidamente como tudo aconteceu: estávamos atravessando um riacho seco, agachadas debaixo de uma ponte que não devia ter nem 1 metro e meio de altura. Como ela ia na frente, topou com o vespeiro e saiu correndo e gritando. Eu estava um metro atrás e subi até a trilha onde ela estava tentando se livrar do enxame com todo tipo de movimento, apesar de ser pleno dia e poder passar alguém pela trilha e nos ver. Pedi a ela que se acalmasse e parasse de gritar e fazer movimentos bruscos, pois, com isso, só conseguiria enfurecer ainda mais as vespas. Disse a ela que tirasse lentamente a jaqueta escura que estava usando, que a deixasse no chão e se afastasse. Assim fez, e as vespas a deixaram em paz, enfim. Mas precisávamos recuperar a jaqueta, de modo que me aproximei devagar, e deve ter sido aí que picaram meus pés, pois não estava de botas, e sim de tênis. Em poucas horas estavam inflamados e era difícil caminhar normalmente.

À raiva e à impotência de estarmos novamente presas no acampamento somava-se a dor de termos sabido, ao voltar de nossa segunda fuga frustrada, que o pai de Ingrid havia morrido. Lemos a notícia em um jornal que os guerrilheiros nos deram e fomos tomadas por uma profunda e inconsolável tristeza. Apesar disso, os guerrilheiros não tiveram comiseração alguma e nos acorrentaram.

Como não podia caminhar, nem praticamente me mexer com aquelas correntes, eu passava muito tempo rezando. Pedi que me levassem uma Bíblia, coisa que fizeram, e também uns cremes. Depois do café da manhã e do almoço, que costumava consistir em água com açúcar mascavo, eu lia as Sagradas Escrituras, e fazia isso em voz alta, para que Ingrid se distraísse e pensasse em outra coisa. Ela estava muito triste, a ponto de eu insistir que fizesse o esforço de viver por seus filhos.

Iniciamos, então, nove dias de jejum para protestar pelas correntes e, com isso, por fim conseguimos que as retirassem. Durante esses dias rezamos um rosário de manhã, à tarde e à noite; e, além disso, fizemos nove noites de oração pela alma do pai dela. A mim também havia afetado profundamente sua morte, pois me fez recordar meu próprio luto pelo falecimento de meu pai, apenas um ano antes. Ingrid mergulhou em um sofrimento profundo, e vê-la sofrer tanto me desanimava muito.

A dificílima experiência daquela perda somada ao fato de estarmos acorrentadas marcou-nos, sem sombra de dúvida, e algo dentro de nós começou a ser diferente. Os dias se passavam um após o outro, monótonos e tristes, enquanto o silêncio se apoderava de todos os nossos espaços. Mal conversávamos entre nós, quase nem nos cumprimentávamos. Apenas líamos a Bíblia e comentávamos o que havíamos lido, mas, no fim, parecia que não havia nada mais sobre o que quiséssemos conversar.

CAPÍTULO 12

O desencontro

Nosso estado de ânimo piorou dia a dia até que ambas chegamos a nos sentir completamente imersas em um poço de desespero e tristeza do qual não víamos saída. Como em todas as situações humanas, há maneiras diferentes de enfrentar os problemas. E nós, sem pensar muito, escolhemos o silêncio.

Imagino que uma culpava a outra pelo fato de as duas tentativas de fuga terem fracassado, mas nunca nos dissemos isso, nem sequer comentamos o que havia falhado, e menos ainda tentamos fazer novos planos. Toda aquela dor mal digerida criou uma barreira de silêncio entre nós, e aconteceu conosco o que acontece com muitos casais: quando a comunicação falha, acabam se transformando em desconhecidos, em dois estranhos sem nada em comum. Eu não poderia dizer que aconteceu um fato concreto que rompesse nossa amizade; foi mais um distanciamento progressivo causado pelas circunstâncias.

Eu não sabia muito bem o que dizer a Ingrid, pois ela estava de luto pelo pai. Procurava dar-lhe ânimo convidando-a a rezar e lendo a Bíblia. Mas eu também estava triste e tomada por um enorme sofrimento. Não podia evitar pensar, e ainda hoje penso, que o fato de tê-la acompanhado havia me levado a fazer um sacrifício enorme e, ao mesmo tempo, inútil, pois de pouco havia servido que eu fosse com ela se estávamos tão distanciadas. Eu não conseguia entender que não fôssemos capazes de manter uma mínima ponte para o entendimento. E naquela situação, acorrentadas, sentia realmente que estávamos descendo pelo precipício da morte.

Eu estava irritada comigo mesma por tê-la acompanhado naquela viagem tão arriscada a San Vicente del Caguán. Mas não queria reclamar de nada com ela; não tinha o direito de fazê-lo. Ao mesmo tempo, era muito difícil assimilar sua dor. Sempre a vira forte e decidida e me desconcertava ver que estava desmoronando a ponto de, creio eu, ter chegado a perder a vontade de viver. De modelo que havia encarnado até então para mim, Ingrid passou a representar a morte. Tornou-se extremamente apática e bastante amarga. Já não conseguíamos nem sequer entabular uma conversa sobre aquele inferno que estávamos vivendo. Em minha opinião, tudo aquilo criou entre nós uma barreira que ainda não conseguimos superar e que ainda hoje existe.

Acho que naquela situação extrema, sem nada em volta que nos unisse ou que pudéssemos dividir, ficaram também muito mais evidentes nossas diferenças de caráter. Acho que Ingrid, em certo sentido, tem um temperamento mais político: você está com ela ou contra ela. Ao passo que eu posso não estar de acordo com alguém, sem que isso signifique que seja meu inimigo.

Como a convivência entre nós havia se tornado praticamente impossível, o comandante que nos vigiava decidiu colocar cada uma em uma *caleta* diferente. Não tentei mais fazer nenhuma aproximação, porque temia que soltasse os cachorros em cima de mim, de modo que esperava que ela mesma quisesse ir me ver, coisa que em geral fazia uma vez por mês, para rezarmos juntas um rosário por seu pai.

Os comandantes nos recordaram mais de uma vez que estávamos sequestradas e que deveríamos nos ajudar. Para mim, parecia tão absurdo que eles se metessem nisso quanto o fato de não sermos capazes de superar nossas próprias desavenças.

Em uma ocasião ocorreu-me pedir aos guerrilheiros que me arranjassem um dicionário para entreter os dias. Qual não foi minha surpresa ao receber um e por Ingrid não me deixar usá-lo. Também me fez sofrer o fato de ela me expulsar das aulas de francês que dava de vez em quando para os demais cativos, quando agruparam todos nós. Era como se o fato de eu empregar o tempo de uma maneira construtiva a incomodasse, algo incrível nela. Os guerrilheiros também estranhavam seu comportamento e começaram a nos entregar as coisas separadamente, para que ela não me despojasse de tudo. Tudo aquilo muito me fez aprender sobre as relações humanas. Com o passar do tempo, e em especial quando nos reuniram aos demais reféns, suas atitudes começaram a ter muito menos importância para mim.

Evidentemente, nada do que ocorreu justifica um distanciamento tão abismal como o que experimentamos. Mas as razões e as emoções nas pessoas não se dão sempre da mesma maneira, nem seguem o mesmo caminho, e por isso as relações humanas são tão complexas. E em momentos tão dramáticos é ainda mais difícil entender por completo o que se aninha no coração ou na mente dos outros.

Foram, sem dúvida, tempos difíceis, e ainda hoje, quando os recordo na distância, causam-me tristeza, pesar e melancolia. No fundo de minh'alma acredito que, por mais que fosse dolorosa aquela situação que atravessamos, deveríamos ter lidado melhor com ela e, quem sabe, assim já se teria fechado a cicatriz que carregamos na alma.

Enfim, de todo esse triste capítulo não resta mais que a lembrança de um mau bocado.

CAPÍTULO 13

A solidão

Quando me encontrei sozinha pela primeira vez em minha *caleta*, depois de me separarem de Ingrid, fui tomada por três sentimentos: o primeiro, de necessidade, no sentido que me sabia sozinha e teria de me virar como melhor pudesse, o que me recordava, em certa medida, minha vida anterior, independente. O segundo, de tranquilidade, pois tinha meu próprio espaço, e isso me proporcionava certa calma. E o terceiro, de solidão. Eu sentia ter forças para suportá-la, mas mostrou-se uma prova duríssima.

Quase imediatamente criei minha própria rotina, algo fundamental para enfrentar aquela situação. Eu me levantava às 4 horas da madrugada; ia ao *chonto*, asseava-me um pouco; voltava à *caleta* e a arrumava. Naquela época haviam deixado para mim um rádio pequeno, que se ouvia muito mal, mas pelo menos eu podia ouvir uma emissora que transmitia do município de Doncello, Caqueta, ao sul do país, até por volta das 6h10. Em alguns dias eu conseguia inclusive ouvir o resumo das notícias nacionais que sintonizava na rádio local. Por volta das 6h15 pegava meu *tinto*, o café preto que nos davam ao amanhecer. Voltava à *caleta* e tinha tempo de ler e reler umas poucas revistas que haviam nos levado, até as 7h30, aproximadamente, quando nos levavam o café da manhã. Depois disso eu caminhava em minha própria *caleta*, às vezes uma hora, outras vezes duas, e até mesmo quatro, até a hora do almoço. Enquanto caminhava, aproveitava para rezar o rosário durante um tempo e refletir sobre todo tipo de coisas. Pensei muito em como seria minha vida quando recuperasse a liberdade. Depois de almoçar, lavava meu prato, escovava os dentes e descansava um pouco.

Por volta das duas da tarde, caminhava mais um pouco ou bordava. Por volta das quatro preparava minha roupa, porque a essa hora uma guerrilheira, a mesma que costumava me levar a comida, me levava até o rio, e então eu aproveitava para nadar, até que me proibiram de fazê-lo. Eu adorava subir o curso da água durante uma meia hora, com enérgicas braçadas, e depois deixar-me deslizar rio abaixo. Esse era, sem dúvida, o melhor momento do dia. Quando me deixava levar pela corrente, eu me sentia totalmente livre e olhava para o céu com os braços abertos para me manter boiando. Esses momentos na água me enchiam de energia e me ajudavam a me manter bem fisicamente. Eu tinha, na época, menos de 40 anos e me conservava bem, esbelta, e com um rosto não muito diferente do que tinha quando era mais jovem. Mas esses momentos de liberdade no rio acabaram quando apareceu a cobra, e me proibiram de voltar a nadar.

Por volta das 5 da tarde, já estava de novo vestida e pronta para receber a comida, que em geral era água com açúcar mascavo e uma *cancharina*, uma lâmina feita de farinha de trigo. Lavava outra vez o prato, escovava os dentes e com isso já dava por concluída minha agenda diária de atividades. Naquela época, eu ainda não havia aprendido a instalar a antena do rádio, de maneira que a essa hora não conseguia sintonizar nada e, como já começava a escurecer, entrava debaixo de meu mosquiteiro.

A solidão me tomou de maneira quase imediata. Eu passava muito tempo calada e quase não pronunciava palavra alguma, apenas para dizer bom-dia e obrigada à guerrilheira que me levava o café da manhã ou o almoço. Fazia todas as refeições sozinha e não tinha com quem falar ou comentar o que ouvia pelo rádio nas primeiras horas da manhã. Também não dispunha de jornais, de modo que me sentia totalmente isolada do mundo. Passei muitos momentos mergulhada na monotonia mais absoluta e na mais total solidão. Havia vezes em que velava a noite toda, e quando chovia tinha medo de que o rio próximo transbordasse. Cada vez que tomava banho controlava o nível da água. Quando havia tempestade, eu me angustiava demais porque na selva os trovões e os raios eram aterradores; quase me atreveria a dizer que tanto quanto o som das bombas do Exército.

Em meio àquela solidão quase absoluta, tentava manter meu ânimo e contar os dias que passavam para saber em que data estávamos, mas mesmo isso às vezes era difícil porque, na selva, um dia é sempre igual ao outro.

Vivia confinada em um mundo de silêncio, no qual não falava com ninguém, a ponto de quase perder o costume de que alguém me dirigisse a palavra. Um dia, quando estava lavando minha roupa, o comandante foi me dizer alguma coisa, mas eu continuei distraída, nem me alterei com sua chegada, até que ele se voltou para mim e me chamou pelo nome. Como não respondi, chamou-me várias vezes mais, até que perdeu a paciência e gritou: "Claraa!". Eu estava absorta, meu corpo estava ali, mas minha mente estava longe. Aquele grito me surpreendeu e me voltei para olhar para ele. Agora nem lembro o que queria. Mas isso mostra o isolamento tão drástico a que estava submetida; aquilo representava verdadeiros maus-tratos psicológicos, uma forma de violência que é difícil imaginar quando não se sofreu. Eu me sentia completamente ignorada como ser humano.

Ainda hoje continuo me perguntando de onde tirei forças para resistir àquilo, sobretudo por ter sido educada em um ambiente acolhedor e familiar, no qual, sendo a filha mais nova e a única mulher, sempre fui o centro das atenções de minha família e a preferida de meu pai. Sempre me senti querida, do berço até me tornar advogada e até mesmo depois. De modo que essa situação de cativeiro e isolamento me era especialmente hostil e ia me corroendo por dentro. Até o comandante deve ter percebido que eu estava mal, porque, poucos dias depois desse incidente, teve a ideia de montar uma pista para que eu corresse e fizesse exercício. Tinha forma circular, quase hexagonal. Em uma lateral colocaram barras e tábuas para fazer flexões. E ali eu me exercitava todos os dias por volta das quatro da tarde, antes do banho.

Apesar do tratamento que nos dispensavam, tenho total certeza de que aquele comandante, assim como os homens e as mulheres que estavam sob seu comando, tinham consciência do dano que estavam me causando e da dor em que me encontrava submersa. Inclusive, meses depois, antes de nos transferirem a outro grupo de cativos, pediu-me desculpas *em nome da organização*.

Capítulo 14

O jejum

Nem só de pão vive o homem.

Eu havia conseguido criar uma rotina diária que me fazia ficar bem fisicamente. Mas minha mente, meu coração e minha alma estavam com minha família.

Não é que não gostasse dos alimentos que me davam; em geral, os pratos que nos davam não eram mal preparados, principalmente tendo em conta a escassez e a dificuldade de abastecimento no meio da selva. Mas naqueles momentos de solidão e isolamento, sobretudo quando me sentia abatida, não tinha apetite, não apreciava a comida, e menos ainda porque nessa época não tinha com quem dividi-la. Nessas condições foi relativamente fácil iniciar um jejum quase de vinte e um dias, comendo só *arepa*, uma espécie de pão circular, feito de milho cozido ou farinha de milho, cozido na chapa, e uma água com açúcar mascavo no café da manhã. Já estava sequestrada havia um ano e achava que devia fazer alguma coisa para protestar, de modo que iniciei esse jejum em 2 de fevereiro de 2003 e o mantive até 22 de fevereiro, véspera do primeiro aniversário do dia em que nos sequestraram. Em todo esse tempo não soube absolutamente nada sobre minha família, nem havia recebido uma única mensagem, e nas poucas notícias que consegui ouvir no rádio sobre os sequestrados ninguém falava de mim. Era como se a selva tivesse engolido até minha lembrança.

Esse foi o segundo jejum sério que fiz. O primeiro havia durado nove dias, feito com Ingrid nos primeiros meses do sequestro, para protestarmos pelas correntes que nos haviam colocado; foi graças a esse jejum que conseguimos que as retirassem. Em outra ocasião, eu tentei voltar a fazer um, mas a força de vontade só deu para resistir dois dias. O mais difícil, pelo menos para mim, são os primeiros três dias. A chave para seguir em frente sem desfalecer é pensar em coisas diferentes de comida. Se começar a pensar em alimentos, a força de vontade fraqueja.

O que me motivava a jejuar? Eu sentia a profunda necessidade de me aproximar de Deus. Tinha, em termos bíblicos, a necessidade de agradá-lo, de pedir sua atenção, clemência, proteção e orientação. Cheguei à conclusão de que me encontrava nessa situação por alguma razão e que devia aprender com aquela amarga experiência, tirar algum ensinamento sobre minha própria evolução como ser humano.

Com o jejum conseguia várias coisas: reforçar minha força de vontade e também fazer um exercício de desprendimento, de desapego material. E, em termos mais práticos, criava um verdadeiro problema para os comandantes, porque tinham ordens de não me deixar morrer de fome. Não tinham, naturalmente, mais remédio senão aceitar meu jejum, mas viam-no como um ato de rebeldia contra eles – o que era –, como um ato de desacato que alterava suas normas.

Tive oportunidade de ler alguns regulamentos internos da guerrilha e sabia que deviam respeitar a religião e os credos dos cativos. De modo que, para evitar represálias, eu apresentava o jejum como uma prática religiosa que eles deviam respeitar, coisa que acabavam fazendo, contrariados. Sempre lhes comunicava a data em que começaria e terminaria. Isso representava um duplo compromisso para mim: o de iniciá-lo e o de acabá-lo a todo custo. Durante esses períodos, os guerrilheiros continuavam me mandando a comida, para que ninguém os pudesse acusar de que não me alimentavam.

Quando já estávamos reunidos aos demais cativos, eu não me servia de minha cota; deixava-a na panela, caso um dos outros sequestrados a quisesse. Eu havia sido educada, desde a infância, a não desperdiçar nem jogar comida fora e, por isso, achava errado servir meu prato e depois jogá-lo fora.

Também jejuei durante nove dias quando meu filho Emmanuel tinha três meses e tentaram nos separar. Ofereci aquele sacrifício à Virgem Maria, e pelo menos consegui que me deixassem tornar a vê-lo. E, depois, quando me separaram definitivamente dele, em 2005, jejuei nove dias a cada semestre, oferecendo-o também à Virgem Maria, até que me libertaram.

O que eu ganhava com tudo isso? Aparentemente, não muito. Mas pelo menos tinha a sensação de que era uma maneira de recordar aos guerrilheiros, contundente, mas respeitosamente, que seu modo de agir era equivocado.

O jejum, que é uma experiência dura em qualquer circunstância, na selva é ainda mais, porque a qualquer momento pode-se ter de retomar a marcha, e quando não se está bem alimentado, caminhar durante horas significa um esforço sobre-humano, porque não se tem forças. Em cativeiro, além do mais, como não se possui nenhum bem material, a comida ganha uma importância maior que na vida normal. De modo que renunciar a ela por vontade própria me permitiu aprender muitas coisas. Sobre mim e minha natureza, mas também sobre as demais pessoas que me cercavam. Quando estive em companhia de outros cativos, notei que o fato de jejuar aumentava neles o respeito que sentiam por mim. Também ocorreu isso com os guerrilheiros, para quem a comida era essencial. Eu tinha consciência de que minha atitude impressionava muito a todos. Inclusive, agora em liberdade, vários prelados da Igreja Católica manifestaram sua admiração por minha atitude de renúncia justamente em cativeiro, quando tudo é muito difícil.

Todas essas vivências me aproximaram de Deus como nunca imaginei. E cheguei, inclusive, a ter sonhos incompreensíveis, mas que me fizeram abrigar a esperança de que em algum momento reencontraria meu filho e recuperaria a tão desejada e saudosa liberdade.

Nos últimos três meses de cativeiro senti-me tomada por uma paz interior e uma serenidade inexplicáveis, que me permitiram enfrentar a libertação com total integridade.

Evidentemente, de toda aquela experiência ficaram sequelas. Desde então tenho gastrite, e meu estômago foi o que mais sofreu. Em várias ocasiões tive fortes dores estomacais, febres e calafrios. Ainda hoje padeço, de vez em quando, de algumas coisas. Mas, no fundo de minha alma, sinto que fiz o que meu coração mandava, e todos esses esforços me ajudaram a fortalecer minha fé, que é, em suma, o mais valioso.

Capítulo 15

A fé

A fé é uma virtude. É um conceito muito profundo e difícil de explicar. É um conjunto de elementos o que permite alcançá-la: o primeiro é uma disposição do coração, seguida de uma atitude específica da mente e da alma. Depois, tudo vem em consequência.

"Ora, a fé é o firme fundamento das coisas que se esperam, e a prova das coisas que se não veem (...) Sem fé é impossível agradar a Deus, pois quem d'Ele se aproxima precisa crer que Ele existe e que recompensa aqueles que O buscam" (Hebreus 11,1-6).

Como desenvolvi essa virtude? Ao nascer, fui batizada e introduzida na fé católica. Estudei em um colégio de freiras espanholas e durante doze anos compareci regularmente às missas e às aulas de religião e catecismo. Pertenci, inclusive, a um grupo de meninas; caminhávamos de vez em quando pelas montanhas que circundam Bogotá, rezávamos o rosário e fazíamos um pequeno jejum que oferecíamos à Virgem Maria. Quando entrei no Colegio Mayor de Nuestra Senhora del Rosario, uma universidade de Bogotá muito tradicional, continuei comparecendo à missa ocasionalmente.

Eu era uma católica praticante, como um grande número de colombianos. Mas foi durante o sequestro que minha fé foi realmente posta à prova e adquiriu uma relevância em minha vida que eu nunca teria podido imaginar antes. Durante todos os dias daqueles seis anos em que estive privada de liberdade, foi a fé que me manteve viva. Tenho certeza de que não teria conseguido sobreviver àquele pesadelo se não tivesse essa profunda convicção religiosa. Desde os primeiros dias do sequestro, decidi aceitar sem reservas tudo o que viesse e me limitei a pedir a Deus que me concedesse forças para enfrentá-lo. Diferente de outros cativos que, levados pelo desespero, chegaram a pensar no suicídio como uma opção para pôr fim àquele inferno, nunca pensei em tirar minha vida, pois para mim a existência é um dom de Deus, e não está nas mãos do homem dispor dela.

Fazia tempo que vinha sentindo a inquietude de ler a Bíblia completa, e o sequestro me ofereceu a oportunidade perfeita para isso, pois dispunha de todo o tempo do mundo. Os guerrilheiros não criaram nenhuma dificuldade para me fornecer um exemplar. A verdade é que eles não se opõem a que seus cativos pratiquem seus credos e permitem a leitura das Sagradas Escrituras.

A Bíblia chegou às minhas mãos poucas semanas depois de tê-la pedido, e então iniciei sua leitura sistematizada. Cada dia estabelecia um número de páginas como objetivo e chegava a ler uma média de sete ou oito horas diárias. Ao fim de um mês já a havia terminado, algo que considerei uma grande conquista. Era como ter feito uma viagem exótica, dessas que se fazem só uma vez na vida.

Mais tarde fiquei sem meu exemplar da Bíblia – eu a perdi uma vez que tivemos de abandonar apressadamente o acampamento e deixei para trás meus poucos pertences – e só tive à mão um Novo Testamento que um dos militares que esteve em cativeiro comigo me deu de presente. Cuidei dele até o dia de minha libertação como o bem mais precioso; até lhe fiz um estojo de tecido para protegê-lo e pus uma cobertura de pasta de dentes para repelir as formigas e os insetos.

Regularmente retomava sua leitura, nessa ocasião somente de pequenos capítulos ou dos versículos que mais me chamavam a atenção. Gostava principalmente das parábolas, talvez porque desde menina haviam enfatizado muito sua importância. Houve três que tiveram especial relevância para mim durante o sequestro. A dos talentos, porque tenho consciência de que quando se tem algum tipo de luz no coração deve-se usá-la também para iluminar o caminho dos outros. A da ovelha perdida, porque as Farc são, para mim, a ovelha perdida do rebanho da humanidade, e a nós cabe fazer seus membros verem que devem respeitar os direitos humanos básicos, como o direito à vida e à dignidade. Nesse sentido, devo dizer que não me surpreende que o atual governo[1] ofereça recompensas aos guerrilheiros para que libertem os sequestrados e lhes proponha em troca um caminho para retificar e refazer a vida.

Muitas vezes recordei, também, a parábola das bodas de Canaã, pois tinha plena consciência de que vivia uma situação de risco constante, na qual podia perder a vida a qualquer momento. Por isso, com o passar dos dias, das semanas, dos meses e até dos anos, fui desenvolvendo maior tolerância, aceitação dos fatos e compreensão da realidade em que vivia. Não me restou mais nada senão aprender a ser paciente. E é isso, hoje em dia, o que mais me empenho em inculcar a meu filho Emmanuel. Para ele e para sua geração escrevi estas palavras, de maneira que quando seja maior possa ler e interiorizar esta mensagem. É fundamental aprender a ser paciente na vida, porque isso nos permite ir construindo nosso caráter, de maneira que

1. Álvaro Uribe é o presidente da República desde agosto de 2002; em 2006 foi reeleito para um segundo mandato. Seu governo aplicou uma série de medidas para favorecer a desmobilização de paramilitares e guerrilheiros, dos quais milhares abandonaram as armas. (N. do E.)

com o tempo vamos mostrando o melhor de nossa essência, como nas bodas de Canaã, onde deixaram o melhor vinho para o final.

Além de ler a Bíblia e rezar o rosário, também orava com muita devoção, com a convicção de que mais além, nas alturas ou na imensidão da selva, o Todo-Poderoso estava me ouvindo. Quando melhor rezava era durante as horas da madrugada, quando tudo permanecia em absoluto silêncio. Ninguém admoestava minhas orações e me parecia a maneira mais agradável de passar o tempo naquelas noites escuras. Eram momentos ideais para o recolhimento, pois eu me sentia muito perto de Deus, quase falando em seu ouvido, como se fosse meu pai ou uma pessoa próxima por quem eu tivesse afeto e carinho.

Durante o dia, enquanto tomava banho, às vezes cantava para a Virgem as canções que recordava do colégio. A verdade é que poucas recordava completas, mas não tinha importância: eu cantava e, ao fazê-lo, era como se meu espírito se elevasse e se afastasse por uns instantes daquelas penúrias. Houve épocas em que fazia isso assim que acordava, às 5 da manhã. Ainda estava escuro, mas eu cantava para a Virgem: "Nunca sozinho estás / Contigo pelo caminho / Santa Maria vai. / Ó, vem conosco/ vem caminhar / Santa Maria, vem. / Mesmo que digam os homens / que nada podes mudar / lutas por um mundo novo / de unidade e paz". A outra canção que eu gostava era: "Jesus Cristo me deixou inquieto / Nas palavras que Ele proferiu / Nunca mais eu pude olhar o mundo / Sem sentir aquilo que Jesus sentiu".

Sei que os militares que estavam cativos no mesmo acampamento que nós gostavam de me ouvir cantar, porque isso os fazia se sentirem menos sozinhos. E os guerrilheiros, em geral, não me diziam nada. Naturalmente, sempre havia alguém que não gostava, e uma vez até me vaiaram, mas depois passou. Em uma ocasião, um dos guerrilheiros que nos vigiavam, um sujeito jovem que parecia formal e decente, perguntou-me depois de recolher as panelas da comida: "Clara, para quem você canta?" Respondi: "Para meu Deus Pai", e expliquei que me haviam ensinado a amar a Deus como se fosse meu pai. Ele replicou: "Se Deus existisse, tenha certeza de que você não estaria cativa como está". E eu respondi que não estava cativa por vontade de Deus, e sim pela vontade de seus chefes, que não tinham nem ideia do que estavam fazendo. Acabei dizendo que, quando precisasse de ajuda – porque com certeza em algum momento precisaria –, pedisse ao Senhor que iluminasse seu caminho.

Desde 2006 eu tinha um rádio que pegava ondas curtas, e nele eu podia sintonizar à tarde a Rádio Católica Mundial. Adorava ouvi-la. Tinha um programa de catequese para crianças; naquela época, eu queria me manter atualizada nos temas infantis, e essa emissora vinha a calhar. Também pude ouvir a voz do papa João Paulo II. E isso me emocionava demais, porque tinha muito carinho por ele, quase desde que fora nomeado. Gostava do fato de ter sido atleta, e quando veio à Colômbia, há uns vinte anos, fui recebê-lo na recepção de boas--vindas organizada pelas juventudes colombianas. Também havia lido vários livros seus. De modo que quando ouvi sua voz me emocionei demais; parecia-me algo maravilhoso poder ouvi-lo naquele recanto perdido da selva. Aquela emissora informava, ainda, sobre suas atividades, que eu acompanhava com muito interesse. Sua morte me entristeceu e ainda hoje o recordo com imenso carinho, como milhares de católicos no mundo todo.

Depois comecei a acompanhar os passos do novo papa, Bento XVI. Já em liberdade, um dos primeiros livros que me deram de presente foi o que ele havia escrito sobre Jesus de Nazaré. Li-o quando estava convalescendo de uma cirurgia, e o que mais me chamou a atenção, por razões óbvias, foi o tema da liberdade do homem. O Santo Padre analisa a vida de Jesus e a lei da Torá, e aponta, citando a Carta aos Gálatas: "Vós, irmãos, fostes chamados à liberdade. Não abuseis, porém, da liberdade como pretexto para prazeres carnais. (...) Porque os desejos da carne se opõem aos do Espírito, e estes aos da carne; pois são contrários uns aos outros. É por isso que não fazeis o que quereríeis. (...) Se, porém, vos deixais guiar pelo Espírito, não estais sob a lei". Eu aplicava isso ao caso específico das Farc e pensava que obviamente são, no mínimo, irresponsáveis, pois a liberdade não deveria ser nunca utilizada para subjugar outras pessoas pelas armas, mediante a prática do sequestro e a detenção forçada.

Quando soube que estava grávida, lembro de ter implorado a Deus, em uma daquelas noites escuras, que salvasse meu filho. Eu mesma o abençoei em meu ventre e o encomendei à Virgem Maria como um ser de luz. Quando nasceu, preocupava-me por causa do batismo, e em uma ocasião, estando a sós com ele, o abençoei com água de arroz e dei-lhe o nome de Emmanuel. Já em liberdade, uma das primeiras coisas que fiz foi me dirigir a minha igreja para mandar batizá-lo e assim encomendá-lo a meu Deus abençoado para que não o deixasse desamparado nem um só momento. Hoje em dia, parece que estou vivendo um sonho quando, a cada noite, antes de nos deitarmos, rezamos juntos a oração ao anjo da guarda.

Não houve um único momento durante o cativeiro em que minha fé em Deus e em sua profunda misericórdia fraquejasse. E também não podemos esquecer que houve milhares de pessoas, no mundo todo, que rezaram diariamente por mim e por meu filho, e assim me comunicam ainda hoje quando me cumprimentam na rua. Há algumas semanas, uma linda menina de uns 8 anos se aproximou de mim, deu-me uma medalhinha da Virgem de Guadalupe e me disse: "Clara, quero que saiba que minha família e eu rezamos dias e dias por você. E estamos felizes por você estar de novo com seu filho Emmanuel. Deus a abençoe, agora, amanhã e sempre".

Capítulo 16

Incerteza e ansiedade

Além da solidão e do isolamento, os dois inimigos que uma pessoa sequestrada tem de combater diariamente com todas as suas forças são a incerteza e a ansiedade. A incerteza é a falta de certeza, o total desconhecimento e o temor do incerto, ao passo que a ansiedade é um estado de agitação e angústia que não permite tranquilidade.

Na vida normal acontecem imprevistos que desestabilizam e provocam ansiedade, como a morte de um ente querido, a perda do trabalho ou a mudança para outra cidade. Imaginem, então, a ansiedade que causa perder tudo, absolutamente tudo em um instante. Durante o cativeiro do sequestro não há nada certo, nem a comida, nem o lugar onde se vai pernoitar, nem o que se pode fazer ao longo do dia, nem sequer a certeza de amanhecer vivo. O cativo é despojado bruscamente de tudo, de seus entes queridos e de seus afazeres diários. Perde por completo o controle de sua própria vida e de tudo que o cerca. A única coisa que lhe resta é seu próprio ser. Encontra-se sozinho diante de si mesmo. Sem mais nada.

Essa situação gera, evidentemente, agitação, inquietude e angústia em um grau superlativo. E quando esse estado de total incerteza chega a se prolongar durante anos, como foi meu caso, o sofrimento é algo inimaginável.

Um sequestrado tem duas opções: deixar-se morrer ou lutar por sua vida. Quando se opta por sobreviver e se descartam a morte e a loucura, é preciso trabalhar diariamente sem esmorecer para conseguir. É necessário ser criativo e lançar mão dos poucos recursos de que se dispõe – mentais ou materiais. E esses esforços, pequenos mas constantes, são os que acabam fazendo a diferença com o passar dos anos. Naturalmente há momentos de tristeza e desânimo, quando é preciso lutar para conter as lágrimas, o que às vezes não se consegue, mas o importante é que sejam mínimos, para se estar o melhor possível ao longo do tempo. Para isso, cada um tem de dar muito de si, mas, como diz aquele versículo: "Ajuda-te, que Deus te ajudará".

Para manter a incerteza sob controle é preciso encontrar tudo aquilo que ofereça alguma pista sobre o que está acontecendo no mundo. A informação se torna vital. Antes do sequestro, eu estava acostumada a me manter informada por meio do jornal, da televisão e de revistas especializadas. Mas, na selva, eu não tinha nada disso. Só muito de vez em quando chegava até mim alguma publicação atrasada. E durante algum período pude dispor de um rádio, que ouvia avidamente. Desse ponto de vista, os dois primeiros anos foram infernais, porque quase não tive notícias do mundo exterior. Nos quatro anos seguintes tive três etapas. A primeira foi a da fascinação pelo rádio; só podia ouvi-lo uns poucos minutos pela manhã e à noite, mas me permitiam ter um nível aceitável de informação. Depois, veio de novo um período de total isolamento, até o final de 2005. E, na etapa final do cativeiro, permitiram-nos de novo ter um aparelho ou, pelo menos, deixavam-nos ouvir notícias várias vezes por dia, e, com isso, pude me manter muito mais informada.

Poucos meses depois da cruel separação de meu bebê, deram-me um rádio como paliativo para a solidão e a tristeza em que havia mergulhado. E foi aí que aprendi a confeccionar uma antena com uma palha de aço, dessas que se usam para dar brilho às panelas. Com a ajuda de um dos militares ou dos policiais, jogava-a por cima das árvores. Depois, com o passar do tempo, conseguia jogá-la bem alto. Dessa maneira, consegui até sintonizar – mesmo que só por poucos minutos por dia – a BBC de Londres, a Rádio Exterior da Espanha e a Rádio International da França.

Mas, naturalmente, as notícias que eu acompanhava com mais atenção eram as das emissoras colombianas: Rádio Caracol e RCN de manhã, e à tarde, *La Luciérnaga* na Rádio Caracol, o *Cocuyo* da RCN e *Hora* 20. Excepcionalmente algumas vezes consegui sintonizar a W, que era a emissora que costumava ouvir antes do sequestro, e embora seja um pouco *light*, o simples fato de ouvi-la na selva me fazia sentir bem. Meus companheiros preferiam suas emissoras regionais, e eu, sendo a única procedente de Bogotá, era a única que ouvia essa emissora. De modo que nos dois últimos anos do sequestro conseguia tirar uma média de uma hora e meia de notícias por dia, entre um programa e outro.

Depois, eu gostava de comentar as notícias com meus colegas de cativeiro e saber de suas impressões. Em muitas ocasiões eram muito pessimistas, e eu não os queria nem ouvir, mas também era bom para equilibrar minha tendência a ser muito confiante e otimista. Com o passar do tempo, conhecia tão bem os outros cativos que sabia de antemão o que diriam; mas, ainda assim, prestava atenção.

Naturalmente, acompanhávamos com enorme interesse os programas que transmitiam mensagens para os sequestrados, como a *Carrilera*, que a RCN transmitia às 5 da manhã, ou *Las voces del secuestro*, da Rádio Caracol, aos domingos das 2 às 6 da manhã. Alimentavam e reconfortavam a alma porque transmitiam mensagens de familiares e amigos. Também podíamos ouvir as mensagens dos familiares de outros cativos, que no final acabávamos quase conhecendo de tanto ouvi-los, e chegavam a ser como da própria família. Outras vezes, os amigos contavam simpáticas histórias ou episódios de sua vida, e era divertido ouvi-los, como: "Olá, Juancho, sexta-feira fomos a um churrasco na chácara. A Paty esteve lá. Bom, cara, você não sabe o que perdeu, ela está uma gata. Sentimos sua falta. Deus queira que para o próximo churrasco você nos acompanhe. Um abraço". Havia também outro tipo de mensagem destinada aos cavalheiros, mandadas por umas supostas *amiguinhas*. Eu me divertia ouvindo-as, e aquele que a recebia sem dúvida ficava encantado. Essas e outras mensagens do *Espontáneos* eram, às vezes, mais frequentes que as das próprias famílias, que se queixavam e exigiam que o programa fosse só para elas; mas eu agradeci sempre a participação dessas pessoas e, em geral, achava que as mensagens eram bem recebidas por nós, que estávamos cativos.

Houve mensagens que me emocionaram em especial, como uma da diretora de meu colégio, que havia sido publicada pelo jornal *El Tiempo*, e que minha mãe leu na rádio:

> **Minha querida e sempre lembrada Clara Lety,**
>
> Não é a primeira vez que tento lhe escrever, mas hoje, Dia de Reis, escrevo de novo porque aqui na Espanha se diz que a noite que acaba de passar, mas que vocês ainda estão vivendo, é uma noite mágica. Os magos do Oriente nos visitaram, e é muito bonito ver as crianças cheias de ilusão, esperando tornar seus sonhos realidade. Eu peço ao rei de nosso coração que se tornem realidade os sonhos e desejos de tantas pessoas que há tanto tempo esperam ver realizado um único sonho: abraçar a menina mais valente e querida que passou pelas *filhas*, onde

já pudemos descobrir que chegaria a ser uma mulher lutadora, empreendedora e defensora da justiça. Na verdade, eu me sinto orgulhosa de você.

Minha mãe também me mandava com frequência lindas mensagens, que gravava inclusive com sua música de fundo:

Para minha querida Clara Lety,

Quando as coisas acontecem por alguma razão, ficamos pensando nessas razões e as analisamos... Peço a Deus que a abençoe. Te amo. Sua mãe.

Filha de minh'alma,

Também confio em você, em meu Deus, em suas bênçãos. Confio em que se restabeleçam a vida, a harmonia e a paz em nossa amada pátria. Agradeço ao Todo-Poderoso por ter me dado uma filha como você. Sua mãe.

Para Clara Lety,

Pensamos em você, amamos você com toda nossa alma. Receba a bênção de quem tudo pode. Sua mãe.

Às vezes, era difícil ouvir o programa completo, porque saber dos problemas dos outros era uma carga a mais que se somava à que já tínhamos; muitos dos que mandavam mensagens estavam tristes e deprimidos, e criticavam o governo e as Farc, de modo que era preciso tomar distância e relativizar para que tudo isso não acabasse nos deprimindo e afundando ainda mais. Ainda bem que, no fim, eu tinha meu rádio de ondas curtas e podia acompanhar simultaneamente essas transmissões com as da Rádio Católica Mundial ou com outras esportivas, nas quais cheguei até a acompanhar as corridas de Fórmula 1, em que competia nosso campeão colombiano Juan Pablo Montoya.

Mas, de qualquer maneira, esses programas, para os sequestrados, têm uma missão muito importante, e depois de minha libertação compareci a muitos deles para agradecer o empenho dos jornalistas que os elaboram e para estimulá-los a seguir adiante. E para saudar as pessoas que ainda permanecem cativas e me solidarizar com o sofrimento delas, que tão bem conheço. Por isso enviei a elas mensagens breves e positivas, em que tentei transmitir a alegria que agora me embarga, para que percebam que a liberdade também está a seu alcance e para que isso as motive a continuar resistindo. Também lhes dediquei duas canções que significam muito para mim, como uma de Jorge Zeledón e Jimmy Zambrano, com que a tripulação do helicóptero que me libertou me recebeu, e que diz: "Me gusta el olor que tiene la mañana, me gusta el primer traguito de café. Sentir cómo el sol se asoma en mi ventana y me llena la mirada. De un hermoso amanecer. Me gusta escuchar la paz de las montañas. Mirar los colores del atardecer. Sentir en mis pies la arena de la playa y lo dulce de la caña. Cuando beso a mi mujer sé que el tiempo lleva prisa, pa'borrarme de la lista, pero yo le digo queee, Ay... ¡Qué bonita que es la vida!"* A outra canção que lhes dediquei uma madrugada de abril do ano passado diz: "Con la gente que me gusta me dan las claras del alba, compartiendo madrugada, palabras, risas y lunas. Con la gente que me gusta, paso las noches en vela... Me gusta la gente que cuando saluda aprieta la mano con fuerza y sin duda, me gusta la gente..."**

* Gosto do cheiro da manhã, gosto do primeiro golinho de café. Sentir como o sol surge em minha janela e me enche o olhar. De um lindo amanhecer. Gosto de ouvir a paz das montanhas. Ver as cores do entardecer. Sentir em meus pés a areia da praia e o doce da cana. Quando beijo minha mulher sei que o tempo tem pressa, para apagar-me da lista, mas eu lhe digo o quêêê, Ah... Como é bonita a vida! (N. da T.)

** Com as pessoas de quem gosto me chega o claro do alvorecer, compartilhando a madrugada, as palavras, os risos e as luas. Com as pessoas de quem gosto, passo as noites em claro... Gosto das pessoas que, quando cumprimentam, apertam a mão com força e firmeza, gosto das pessoas... (N. da T.)

E qual não foi minha surpresa, há algumas semanas, quando em um encontro que tive com os soldados do Exército que foram resgatados na *operação Jaque*, me agradeceram pelas mensagens, que parece que haviam tocado sua alma quando as ouviram durante o sequestro. Comecei a rir e disse: "Essa era a ideia".

O outro inimigo que se deve combater quando se está sequestrado é a ansiedade, que leva muitos cativos ao fumo, ao excesso de comida ou a cair em algo igualmente nocivo, o sedentarismo. Para que a ansiedade não nos consuma, é preciso fazer um esforço de criatividade e disciplina, fazer uma agenda diária e cumpri-la, na medida do possível. Na selva é fácil esmorecer, principalmente quando ninguém diz nada nem se preocupa com os outros. A própria pessoa deve decidir se vai consumir seus dias olhando para o teto ou se prefere empregar seu tempo em algo mais construtivo.

A clausura e a limitação de movimento geram ansiedade. Para mim, sempre havia sido importante fazer exercícios, mas na selva transformou-se em algo vital, quase em uma questão de vida ou morte, porque me ajudava justamente a liberar essas tensões e a lidar com essa ansiedade; por isso, procurava caminhar diariamente pelo menos quarenta e cinco minutos, mesmo que fosse em volta de minha *caleta*. Houve épocas em que cheguei até a caminhar quatro horas no mesmo lugar! Também me sentava e fingia que estava em uma bicicleta ergométrica. E quando podia, trotava, principalmente quando estivemos em um acampamento em que me prepararam uma pista para fazê-lo. Em média, fazia exercícios cinco ou seis vezes por semana, e às vezes até diariamente.

Depois chegava o esperado momento do banho, que eu gostava demais, principalmente quando me deixavam nadar; mas depois, só o fato de me lavar, mesmo que fosse jogando água de um balde em mim com um recipiente, isso já me infundia tranquilidade. Primeiro lavava a roupa e depois me higienizava. Esses momentos eram os mais agradáveis do dia, e eu cantava e dava graças a Deus por tê-los concedido a mim. Para vestir-me, eu improvisava um trocador com folhas, plásticos ou com a toalha, algo, em suma, que me permitisse ter um pouco de privacidade. Sempre procurava tomar banho sozinha, justamente para desfrutar dessa calma. Durante os quase seis anos de cativeiro, acho que em 80% das vezes tomei banho sozinha. O resto do tempo, em especial durante as caminhadas, tomávamos banho em grupo. Mandavam-nos em turnos ao rio e, ainda assim, eu procurava ficar entre as últimas. Como chegávamos encharcados de suor, muitas vezes entrávamos vestidos no rio para que ao mesmo tempo a roupa se lavasse. Um dos militares cativos me acusou perante os guerrilheiros de não querer colaborar por não tomar banho com os outros. Isso me causou hilaridade, e eu disse a ele que não tinha medo algum de tomar banho sozinha, e que no Exército com certeza haviam lhe ensinado a tomar banho sozinho também e a respeitar as mulheres. E a verdade é que os comandantes nunca se queixaram desse meu costume.

Depois do banho, em geral sentia fome e comia com vontade o que nos dessem, embora também houvesse fases em que estava com menos apetite. A comida era muito simples. Sempre me chamou a atenção o fato de as panelas em que levavam os alimentos estarem limpas. Para mim, isso era vital. Eu considerava um gesto de decência que as Farc mantivessem esse costume. Quando estávamos em grupo normalmente levavam três panelas com as porções para todos, incluindo Emmanuel, durante o tempo em que esteve a meu lado. Para o café da manhã, levavam uma panela com *arepas*, outra com uma sopa e uma terceira com chocolate, às vezes puro e às vezes com leite. O almoço consistia em arroz branco, acompanhado, conforme o dia, de feijão, lentilhas ou ervilhas. Também levavam outra panela com a bebida, que costumava ser água com açúcar mascavo ou com algum corante. E à noite, davam-nos arroz branco e em geral espaguete. Excepcionalmente mandavam uns pedacinhos de alguma carne de caça, e em algumas ocasiões nos deram carne de mico e de tigre, que eu achei duríssimas. Com mais frequência nos davam carne de jacaré, que eles chamam de *cachirrí*, e que tem uma carne deliciosa que se assemelha à lagosta. Às vezes, à noite, ofereciam-nos também atum ou sardinhas em lata ou algum peixe pescado no rio.

Quando a *arepa*, a sopa ou até o chocolate estavam gordurosos – o que ocorria na maioria das vezes –, eu nem sequer os provava. Lembro especialmente que nos últimos três anos de cativeiro o comandante mandava preparar, pelo menos uma vez a cada seis meses, *tamales** e davam dois para cada um, como quando faziam empanadas. De vez em quando nos surpreendiam também com alguma bebida especial, como aveia, *colada*** ou arroz doce líquido.

No último ano de sequestro tivemos duas refeições muito especiais. Uma foi em 8 de dezembro de 2007, quando entregaram a cada um de nós meio frango assado, coisa que em plena selva é um verdadeiro manjar. Até prepararam *natillas*, espécie de doce de leite com canela e baunilha, e uma bebida fermentada feita com açúcar mascavo e arroz. Em outro momento, não lembro bem o dia, mas também foi próximo a minha libertação, serviram uma leitoa assada e um javali, chamado *cajuche*, na selva, com mandioca. Em ambas as ocasiões, as porções eram tão grandes que não as pude terminar, e deram para mais de uma vez.

---

* Espécie de empanada cuja massa é feita com farinha de milho, enrolada em folhas de bananeira ou na palha do milho, cozida a vapor ou assada. Pode ter vários recheios. (N. da T.)

** Leite batido com farinha, que pode ser salgado ou doce. (N. da T.)

Para que a comida não estragasse, coloquei o prato dentro de uma sacola com água, e assim, mantinha-se fresca e se conservava por um dia.

Nós, cativos, tínhamos um costume um tanto masoquista que consistia em conversar, com toda riqueza de detalhes, sobre nossas comidas preferidas. Eu gostava de falar do *ajiaco con pollo*, uma sopa típica da savana de Bogotá, que na selva seria quase impossível preparar porque não se poderia arranjar os diversos tipos de batatas cultivados nas terras frias. Também recordávamos, e ficávamos com água na boca, o sabor das alcaparras, do milho, do abacate, do creme de leite, do pão, do creme de maracujá... e tantos outros manjares que nunca poderíamos provar na selva. E como se fosse pouco, também enumerávamos nossos restaurantes favoritos e a especialidade de cada um deles. Eu também adorava falar sobre o preparo de certos pratos; procurava recordar para tê-los bem em mente quando recuperasse minha liberdade.

Naquelas conversas gastronômicas, comentávamos, ainda, sobre a comida que nos davam diariamente. Era uma maneira de passar o tempo. Fazíamos verdadeiras críticas – como se fôssemos especialistas no assunto – sobre os alimentos que nos serviam: se estavam frios ou quentes, insossos ou salgados, se o arroz estava bem cozido... Um dos problemas na selva é que, com a umidade, os grãos adquirem certo gosto e, por isso, é preciso pôr muito sal na comida, para disfarçar esse gosto úmido. As carnes também são salgadas além da conta para que não estraguem. Eu costumava ceder minha ração de carne a quem quisesse, apesar de ser um prêmio apreciado. Eu gostava mais do peixe, principalmente quando o cozinhavam de maneira simples. Outro problema na selva são as moscas na comida, particularmente nas bebidas, algo que me chocava muito. Havia gente que não se importava, e inclusive as engolia. Eu nunca cheguei a esse ponto.

Quando cheguei a Bogotá após minha libertação, a primeira refeição que minha família me preparou, na casa de meu irmão, foi um delicioso *ajiaco*. E adorei ver meu filho Emmanuel comendo com gosto.

Capítulo 17

Os passatempos

Como medir o passar do tempo em cativeiro?

Antes de ser sequestrada, eu vivia escrava do relógio. Tentava organizar meu tempo da melhor maneira possível, até lia livros sobre isso. Minha vida estava programada segundo a segundo. No final de cada dia, quando voltava para casa, exausta após um dia intenso, eu me deitava com a sensação de que o tempo que tinha não era suficiente para fazer tudo o que queria. Sempre sentia que restava algo por concluir. E em minhas conversas com amigos e conhecidos, essa queixa de falta de tempo era uma constante.

No sequestro, encontro-me de repente com todo o tempo do mundo para mim, mas, aparentemente, não posso fazer nada para aproveitá-lo. Nunca antes em minha vida eu havia sentido de modo tão intenso essa sensação de perda de tempo que vivi nos primeiros meses de cativeiro. Para mim, isso representava um conflito existencial atroz, pois tinha a sensação de que a vida estava escapando de minhas mãos diante de meus olhos. Era como se estivesse enterrando minha juventude naquela selva.

Eu não podia fazer absolutamente nada produtivo. Também não podia pensar que estava doente e precisava me recuperar. Não era suficiente estabelecer uma rotina diária criando uma série de hábitos saudáveis, como acordar cedo, fazer a higiene pessoal, fazer exercícios, tomar banho, manter meu cantinho limpo, lavar minha roupa, pensar em minha família... Isso, sem sombra de dúvida, me ajudava. Mas do modo como estava, despojada de tudo, era muito complicado encontrar alguma coisa que permitisse que eu me distraísse e empregasse meu tempo de maneira construtiva. Logo percebi que essa situação excepcional requeria um esforço adicional da alma e do coração para me manter ocupada. De modo que poucos dias depois de ser sequestrada, pedi que me arranjassem um caderno e uma caneta, que acabaram muito rápido. Somente no primeiro ano e meio escrevi mais de oito cadernos de cem folhas, ininterruptamente, quase sem deixar espaços. Cheguei inclusive a escrever na embalagem do papel higiênico. Escrevia sobre todo tipo de coisas, como um diário, qualquer ocorrência que me passava pela cabeça. Quando estava sozinha, comentava também as notícias que ouvia, ou as poucas que pudesse ler; até repassava e resumia leituras da Bíblia. Era um diário sobre tudo o que via e sentia. Quando nos transferiam para outro acampamento, pesavam muito, e não me restou outra opção a não ser queimá-los. Mas, depois, retomei esse hábito, até que pararam de me dar cadernos, porque ficaram cheios de eu escrever cartas para *Marulanda* ou para os outros membros do secretariado das Farc, pedindo-lhes a liberdade de meu filho.

Mas, enquanto me deixaram, escrevi tudo o que pude. Também tentei começar a pintar. Em duas ocasiões comecei a copiar, palavra por palavra, um dicionário inglês-espanhol que haviam me emprestado, ou me entretinha repassando a tabuada e tirando raízes quadradas. Era um exercício mental fabuloso, e assim passavam as manhãs. Cheguei a ter um texto pronto, caso me pedissem para uma prova de sobrevivência. Era uma mensagem para minha mãe, que eu revisava e atualizava de vez em quando, na qual lhe contava como estava e lhe dizia como queria que batizasse meu filho e onde gostaria que estudasse.

Quando acabaram o papel e a caneta, pedi agulhas para costurar, bordar e tricotar. Assim, fiz uma correia para meu filho. Também aprendi a fazê-lo à mão, com nós, como faziam os guerrilheiros para confeccionar umas correias que usavam como cinto ou para amarrar seus equipamentos. Um guerrilheiro me mostrou como se fazia, e eu fiz uma para minha mãe. Deu trabalho, mas a terminei; essa e a de meu filho eu levei comigo no momento da libertação. E também bordei, com muito esforço e muitas horas de dedicação, uma toalha de mesa de uns 60 centímetros de comprimento que mostrei na prova de sobrevivência que gravaram comigo em 2003 e que usei para comer com meu filho. Essa toalha de mesa não consegui conservar até a libertação.

Logo percebi que essas tarefas eram terapêuticas do ponto de vista da saúde mental. É tamanha a concentração que exigem que não deixam que o pessimismo se apodere da mente. Além do mais, ao terminar cada trabalho, temos essa sensação de dever cumprido que é muito gratificante e sempre me fez sentir bem. Em geral, esses trabalhos me absorviam de tal maneira que até me permitiram crescer espiritualmente.

Também costurava a roupa quando rasgava, embora não fosse muito boa nisso. Os pontos saíam muito grandes; imagino que acontece como quando a pessoa pinta, e o traço é a expressão da alma. Como estava muito inconformada e contrariada no cativeiro, os pontos saíam ruins. Precisava estar muito descontraída para que saíssem melhor, e isso ocorreu muito excepcionalmente. Mas não me restava outra opção a não ser remendar, porque era preciso cuidar da pouca roupa que tínhamos. Também procurava manter em bom estado a mochila em que carregávamos as coisas e o equipamento que tínhamos. Tudo aquilo foi um aprendizado para mim.

Nos acampamentos também jogávamos cartas, mas era uma verdadeira façanha conseguir um baralho, e eu tinha preguiça de brigar por isso. Eu preferia o xadrez ou o jogo de damas. Mas quando alguém me emprestava um baralho, eu jogava solitário. Os três norte-americanos de vez em quando me emprestavam o deles e me ensinaram a jogar *banca rusa*. Nos últimos três anos aprendi a jogar bridge com os policiais, que eram verdadeiros especialistas. Do que eu mais gostava era o *king*, que se joga em quatro pessoas. Mas eles passavam o dia todo jogando, e eu não queria entrar em um grupo fixo, e não queria apostar. Eles apostavam a lavagem da louça, e, como jogavam muito melhor que eu, corria o risco de passar o dia todo lavando pratos, perspectiva bastante deprimente. Geralmente sempre os mesmos ganhavam; eu só jogava de vez em quando para socializar um pouco com os outros cativos.

Havia um companheiro que adorava jogar *parqué* e era um gênio com os dados. Apostavam a *arepa* do dia; isso já me importava menos, mas o jogo, que consistia em andar com as fichas o tempo todo sem se deixar comer e virar o tabuleiro, me parecia bastante chato e também não joguei muito.

No acampamento tínhamos muito tempo livre, muito, horas e horas sem nada para fazer, e isso favorecia conversas que com frequência acabavam se transformando em uma troca de críticas e fofocas, em um mero falar mal das outras pessoas do acampamento. Como dizemos na Colômbia, *cidade pequena, inferno grande*. Eu evitava participar dessas conversas porque me pareciam muito negativas e me irritavam.

De vez em quando, com menos frequência do que teria desejado, chegavam alguns livros e revistas, e os comandantes os punham à disposição do grupo para quem quisesse. Eu devorava todos os livros que caíam em minhas mãos. No acampamento de *Martín Sombra* houve mais, de modo que aquele foi um ano de muita leitura. Lembro de ter lido livros de Júlio Verne, de Gabriel García Márquez, de Enrique Santos, e até de Vlado, um caricaturista colombiano. Eu lia as revistas da primeira à última página, inclusive os anúncios publicitários, os avisos, até os classificados engolia com avidez. Nada parecido com o que acontece agora que estou em liberdade, quando nem mesmo folheei uma e já chega a da semana seguinte.

Com frequência lia em voz alta. Eu me sentava em um cantinho e ouvia a mim mesma. Achava importante e útil praticar a leitura assim, fazendo pausas para erguer a vista, caso, no futuro, tivesse de me dirigir de novo a um auditório. Lembro que caiu em minhas mãos um estudo da procuradoria sobre a pobreza e a educação na Colômbia; devia ter umas mil páginas e não era muito recente, mas, ainda assim, eu o li em voz alta de cabo a rabo. Alguns cativos não viram graça nenhuma nisso; acho que os incomodava e se queixaram aos comandantes. Um deles me disse: "Ouça, Clara, se quiser, leia mentalmente, porque essa gente enche muito".

Outra atividade à qual gostava de dedicar tempo sempre que podia era a jardinagem. Guardei as sementes de umas laranjas que nos deram uma vez e as deixei secar. Em um canto do acampamento, preparei a terra e as semeei. E antes que me libertassem cheguei a ver crescerem várias laranjeirinhas, que deixei de lembrança quando fui embora, com um abacateiro de cerca de um metro de altura.

Eu também me distraía arrumando o melhor possível o lugar que nos designavam. Assim fazia cada vez que chegávamos a um lugar novo. Com ferramentas, como enxadas ou facões, quando nos emprestavam, ou então com paus, eu me esforçava para arrumá-lo o melhor que podia. Para evitar o barro que se formava cada vez que chovia, era preciso fazer drenagens na terra. Eu gostava, depois, de montar um banquinho e uma mesa para comer. Cada vez que nos mudávamos, eu desfrutava a nova oportunidade de redecorar meu modesto espaço.

A cada um ou dois meses eu cortava o cabelo, e isso me ajudava a combater a passagem do tempo e, acima de tudo, a manter minha autoestima alta. Em duas ocasiões tentei cortá-lo eu mesma, mas como fiquei tosquiada preferi não voltar a tentar e deixar que algum companheiro ou algum guerrilheiro, dos que cortavam o cabelo do resto do grupo, o fizesse.

E, por mais incrível que possa parecer, nos dois últimos anos de cativeiro, no material que forneciam às mulheres para higiene pessoal, incluíam sombras e esmalte. Eu achava importante usar essa maquiagem, em especial a das unhas, porque gostava de mantê-las arrumadas. O último que nos deram – nunca vou esquecer – era dourado, como se tivesse orvalho. Gostei, porque nas noites escuras aquele brilho me permitia ver minhas mãos. E também pensei que, no caso de um desenlace trágico, esse esmalte tão chamativo facilitaria a identificação de meu corpo.

CAPÍTULO 18

A maternidade

Na Colômbia só se teve notícia de que eu tivera meu filho em cativeiro no início de 2006. O jornalista que o revelou não dispunha de muitos detalhes nem de dados confirmados, e por isso completou seu relato, como ele mesmo apontou, com ficção[1]. Recordo essas breves palavras do que ele disse em uma entrevista[2] na revista *Semana*: "O filho de Clara Rojas é uma realidade que anda e tem dois anos".

A partir desse momento, surgiram inúmeros rumores e informações infundadas em diversos sentidos, que foram registradas em reportagens, entrevistas e novos livros. Outros tentaram reconstruir a história baseando-se exclusivamente em especulações. Falou-se de drama, de história de amor. A única verdade em tudo o que se contou até agora é que eu tive um filho em cativeiro. Isso é um fato. Todo o resto não tem nenhum fundamento.

---

1. O jornalista colombiano Jorge Enrique Botero tornou pública essa revelação em abril de 2006 em seu livro *Últimas noticias de la guerra*. (N. do E.)

2. Revista *Semana*, de abril de 2006. (N. do E.)

Cabe a mim decidir o que tornar público ou não sobre minha história. Esse episódio pertence exclusivamente a minha esfera privada. É reservado a meu filho Emmanuel, quando me perguntar sobre isso. Ainda não é o momento. A única coisa que quero dizer é que durante o sequestro vivi uma experiência que me deixou grávida. Mas minha verdadeira história de amor começou quando descobri que estava esperando um filho e decidi salvar sua vida.

Minha avó era uma mulher de *raca-mandaca*, como se diz coloquialmente na Colômbia de quem se caracteriza por seu caráter, arrojo e decisão. Tinha um dito que, apesar de minha pouca idade, interiorizei como outros muitos de seus ditados: "É preferível pálido uma vez que descolorido a vida toda". Ou o que seria o mesmo: "Ao feito, peito". Sim, peito, peito de mulher e de mãe. Com essa pequena observação começa realmente a história que transformou minha vida.

Em agosto de 2003 os guerrilheiros nos obrigaram de novo, a Ingrid e a mim, a iniciar outra marcha para trocar de acampamento, sempre no coração da selva. Não tínhamos nem ideia de aonde estavam nos levando, nunca nos informavam de nada, só nos diziam que pegássemos nossas coisas e os seguíssemos. Dia após dia, fizemos longos percursos de lancha, intercalados com árduas caminhadas. Eu só carregava uma pequena mochila com algumas coisas, era leve, mas pesava como uma pedra. O resto das minhas coisas (o mosquiteiro, a rede, a roupa...), felizmente, os guerrilheiros carregavam dentro de uma lona. Às vezes parávamos uns dias em um lugar e depois seguíamos caminho. A viagem ficou muito difícil, por conta do cansaço, porque eu me sentia sozinha e pela incerteza de não saber para onde nos levavam. Para piorar as coisas, comecei a ter, nessa época, fortes diarreias, e ao amanhecer sofria uma espécie de incontinência urinária e quase não conseguia chegar ao *chonto*. Nessas condições, tive de continuar caminhando até que, finalmente, em meados de outubro, chegamos a um acampamento que estava sob as ordens de *Martín Sombra*. Ali, sob os cuidados dessa frente que respondia ao *Mono Jojoy*, concentraram-nos durante meses, em um enorme grupo de sequestrados, composto de 28 militares e soldados e dez civis. Os guerrilheiros haviam erguido, no meio da selva, um grande acampamento com duas enormes jaulas, como os pátios de uma prisão, separadas por grades de arame; em uma haviam colocado os uniformizados e em outra os demais.

Cumprimentamos gentilmente nossos novos colegas de cativeiro (com os uniformizados tivemos de falar através da malha de arame). Eu não conhecia pessoalmente nenhuma daquelas pessoas, também não ouvira falar delas, apesar de alguns serem políticos experientes. Surpreendeu-me que Ingrid também não os conhecesse.

Em cada um dos dois espaços cercados de grades onde nos mantinham prisioneiros haviam construído um barracão de madeira; nas laterais, a metade era de malha de arame, para que houvesse ventilação. No nosso havia cinco beliches, e me coube dormir na parte superior de um. Havia pouca luz, e subir e descer representava um verdadeiro esforço, principalmente quando minha gravidez já estava avançada. Ainda hoje me surpreende o fato de nunca ter caído quando ia ao banheiro à noite.

O relacionamento com os demais cativos, no início, era cordial, mas eu notava que havia certa distância entre nós e sentia que guardavam seus pensamentos para si o tempo todo. Apesar disso, de vez em quando comentávamos as notícias ou algum tema atual que houvesse chegado a nossos ouvidos. Com alguns eu jogava baralho ou xadrez, muito de vez em quando, mas passava o tempo. A realidade é que eu passava a maior parte do tempo lendo. Nesse acampamento havia livros, e eu queria aproveitar a oportunidade de poder lê-los.

Havia dois meses que estava nesse novo acampamento e continuava me sentindo mal; além disso, estava aumentando de peso. A dúvida sobre se estaria grávida começou a me rondar, e assim comentei com alguns companheiros, que me aconselharam a falar com os guerrilheiros, pois eles, como responsáveis por meu sequestro, eram os únicos que poderiam fazer alguma coisa por mim. Isso era verdade, mas já com essa resposta tive a impressão de que não queriam se envolver no assunto, que preferiam não tomar conhecimento, e isso me deixou um travo amargo, porque me fez sentir muito sozinha.

Poucos dias depois, decidi pedir que *Martín Sombra* me recebesse; ele mandou me chamar uma tarde depois do almoço. Dois guerrilheiros me acompanharam até onde ele se encontrava, e no caminho consegui ver uma grande sala de reuniões e uma espécie de refeitório, no qual devia haver espaço para pelo menos duzentas pessoas. *Martín Sombra* estava sentado defronte um computador, em uma espécie de galpão ou cobertura grande, dividido em dois por uma malha metálica, atrás da qual havia muitos vultos que eu pensei que deviam ser comida. Havia um armário a seu lado e um mapa da Colômbia de uns 2 metros. Ao ver-me entrar, levantou-se e apertou minha mão. É um sujeito impressionante, apesar de não ser muito alto, mas sim bastante gordo e com uma expressão dura. Mandou-me sentar e pediu um café com leite condensado e pão. Eu não estava com fome porque havia almoçado pouco antes. Perguntou-me: "Dona Clara, o que é que manda?" Eu respondi que estava preocupada porque intuía que poderia estar grávida. Mandou chamar uma guerrilheira enfermeira, uma garota jovem de uns 25 anos, talvez um pouco mais, que me surpreendeu por sua beleza ao estilo da diva Amparo Grisalles[3]. Olhou para a minha barriga e ficou calada, de

3. Atriz e modelo colombiana muito popular, nascida em 1956, com uma bem-sucedida carreira no teatro, no cinema e na televisão. (N. do E.)

modo que *Martín Sombra* lhe pediu que arranjasse um teste de gravidez. Disse que no dia seguinte eu recolhesse uma amostra de urina em jejum e que mandaria me chamar. Surpreendeu-me sua maneira de resolver a coisa, quase como se fosse um médico, sem se interessar por fofocas nem histórias. Quando estava indo embora, deu-me de presente dois pacotes de biscoitos waffer e duas latas de leite condensado.

Nessa noite não consegui dormir. Estava inquieta, e ouvir os guardas – que tinham o bendito costume, suponho que para nos recordar que estavam armados, de passar a munição nos ganchos de suas armas, e isso fazia um barulho horrível – não me ajudava a conciliar o sono. Nunca esquecerei o dia seguinte, que era 18 de dezembro de 2003. *Martín Sombra* mandou me chamar antes das 7 da manhã. Eu já estava com minha amostra de urina pronta, e me levaram de novo ao lugar onde estivera na tarde anterior. Lá estavam a enfermeira e o comandante esperando, e este, assim que me viu, sem rodeios, perguntou-me se havia levado a amostra. Mandou-me sentar a seu lado, e do outro lado a enfermeira. Entregaram-me o papelzinho do teste de gravidez para que eu abrisse e derramasse a urina. As instruções indicavam que se saísse vermelho, era sinal positivo de gravidez, e pouco a pouco foi ficando dessa cor. Fiquei gelada, e não pude evitar que meus olhos se enchessem de lágrimas. Eu estava feliz, naturalmente; ter um filho é algo importante na vida de uma mulher. Mas dar à luz na selva? Senti uma enorme preocupação oprimir meu peito. Como seria capaz de enfrentar aquilo?

Antes do sequestro eu havia pensando em ter um filho; sempre havia aspirado à ideia de ser mãe e criar uma família, mas por uns motivos ou outros fui adiando, e notava já fazia um tempo que meu relógio biológico estava correndo. Por isso, ao ver-me grávida, mesmo que fosse em uma situação tão inverossímil e arriscada, pensei que, na minha idade, talvez fosse a última oportunidade de realizar meu desejo de ser mãe. Logo descartei a ideia de não ter a criança. Em circunstâncias normais, teria levado a gravidez adiante sem hesitar um instante; então, por que não prosseguir também nessa situação? É verdade que as condições distavam muito de ser as ideais e abrigavam em si grandes riscos, tanto para mim quanto para a criança, mas se não tivesse um filho então provavelmente não teria outra oportunidade mais tarde.

A enfermeira e *Martín Sombra* deram-me os parabéns e mostraram seu apoio. Ele me recomendou, para a barriga, óleo de tigre, que é um óleo que extraem desse animal e que usam para curar todo tipo de mal. E, de fato, mandou em várias ocasiões uma guerrilheira aplicá-lo em mim.

Eu roguei a ele que me tirasse da selva, que me mandasse pelo menos até o posto de saúde mais próximo, mesmo que isso pudesse representar vários dias de marcha, para receber assistência médica no parto. Expliquei a ele que, se tivesse um filho em cativeiro, poria em perigo minha vida e a do bebê. Contei-lhe que era uma mulher da cidade, que não me via capaz de enfrentar aquilo, ainda mais estando prestes a completar 40 anos e sendo mãe pela primeira vez. Como vi que ele não cedia a meus pedidos, supliquei que pelo menos deixasse a Cruz Vermelha Internacional entrar para que me assistissem. Eu estava muito angustiada. *Martín Sombra*, para me animar, disse quando eu estava indo embora: "Clara, não se preocupe além da conta. Não vamos deixar nem você nem seu bebê morrerem. E lembre-se: esse bebê é seu, e você vai cuidar dele como uma tigresa furiosa".

Quando voltei a meu lugar, encontrei a maioria dos meus colegas de cativeiro ansiosos pelo resultado. E foram impactados quase tanto quanto eu por saber que estava grávida. Porém, estávamos havia poucos meses juntos e realmente dividíamos muito pouco para que pudessem se sentir realmente envolvidos com minha nova situação e me dar o apoio de que eu teria precisado. A única pessoa com quem tinha confiança era Ingrid. Mas, infelizmente para mim, ela estava atravessando um mau momento e, com isso e o fato de estarmos distantes havia meses, ela não teve uma atitude próxima, mas me ajudou em algumas coisas, como costurar roupinha para o bebê. Mas, de qualquer maneira, não se comportou como uma irmã, o que eu teria desejado ou necessitado naquela situação tão difícil de enfrentar. Também não propiciou uma atmosfera amigável para que eu pudesse lhe perguntar coisas, algo que eu teria feito com prazer, pois, afinal de contas, eu era mãe pela primeira vez, e ela já tinha dois filhos. A única coisa que me disse quando lhe contei que estava grávida e notou minha preocupação foi: "Bem-vinda ao clube". E me pareceu que dizia isso em um tom sarcástico, como se a maternidade fosse uma carga. Não era exatamente boas-vindas a um mar de rosas. Essa atitude sua, tão fria, sem dúvida criou um tipo de comportamento nas outras pessoas do grupo, que adotaram, e inclusive mantêm hoje em dia, certa agressividade comigo, pensando que assim ganham o favor ou a simpatia de Ingrid.

Certa manhã, os homens prisioneiros me pressionaram. Convidaram-me a sentar à mesa e começaram a me perguntar, de maneira inquisitiva, quem era o pai de meu filho. Disseram coisas do tipo: "É que, se não nos contar, nossas famílias podem ser afetadas" ou "Você é uma irresponsável". Percebi que estavam muito tensos e ansiosos por descobrir o que havia acontecido. Como se diz popularmente, queriam saber quem me havia *embuchado*. Pareceram-me patéticos. Suponho que temiam que pensassem que algum deles era o pai, ou quem sabe tinham medo – embora isso não me parecesse muito lógico – de que os matassem. Eu os ouvi, mantendo-me calma, como costumo ser, e devolvi a pergunta: "Algum de vocês é o pai?", ao que começaram a responder, um após o outro, que não. Então eu disse a eles: "Muito bem, então, por que estão preocupados? Deixem-me em paz, eu respondo por meu bebê".

A verdade é que, nesse estado de tensão, reagiram como hienas, sem se preocuparem realmente comigo ou com meu bebê. Daí em diante, tentaram mudar essa atitude, agressiva e descomedida. Mas ficaram vestígios em alguns, e se seguiram mais incidentes desagradáveis. De qualquer maneira, nenhum teve a ideia de pedir que me libertassem para que pudesse dar à luz em condições mais aceitáveis, ou que me levassem para o posto de saúde mais próximo. Nenhum deles também tentou me ajudar ou me apoiar naquele transe, apesar de um ter conhecimentos veterinários ou outro ter assistido ao parto da esposa. A única coisa que os inquietava era que eu morresse e os pudessem culpar.

Algumas das outras mulheres se comportaram como se a situação não tivesse nada a ver com elas, apesar de também serem mães e poderem entender o que eu estava passando. Não me deram uma oportunidade de confiar nelas, algo que eu teria agradecido. Talvez digam que foi porque eu era muito independente, e pode ser que tenham razão. Decidi não lhes pedir nada. De qualquer maneira, quando minha gravidez avançou, costuraram algumas roupas para o bebê. Uma vez, uma delas afirmou categoricamente: "Clara, você não precisa de atendimento médico, gravidez não é doença". Fiquei impressionada sobremaneira por ter dito isso e respondi: "Claro que gravidez não é doença, mas exige cuidados médicos e especializados; senão, como explica que na Colômbia o maior número de mortos seja de mulheres grávidas e que o maior nível de mortandade seja de crianças nos primeiros dois anos de vida? Por que nega a mim o direito de sobreviver e a meu filho a possibilidade de nascer?"

Passei aquele Natal com o grupo de sequestrados. Foi triste e desagradável. O único momento agradável foi à meia-noite do dia

24 de dezembro; eu estava costurando, sentada em uma cadeira, tão ensimesmada em meu trabalho que nem sequer ouvia o que dizia o rádio, que estava ligado. Até que alguém me chamou e apontou para o aparelho, para que eu prestasse atenção. Voltei-me a tempo de ouvir a voz de meu irmão, Iván; fazia tanto tempo que não o ouvia que não o havia reconhecido. Fora naquela manhã à emissora da Rádio Caracol para me mandar essa mensagem natalina: "Clary – assim me chamam meus irmãos –, estamos esperando por você. Feliz Natal!" Fiquei tão emocionada que comecei a chorar. No cativeiro, eu me sentia muito sozinha, por isso era uma emoção muito grande receber palavras de alento de um de meus entes queridos. Na realidade, mais que chorar, eu soluçava. Uma das mulheres se aproximou e pediu que me acalmasse, porque esse pranto não era bom para mim nem para meu bebê. Eu respondi que eram lágrimas de alegria, que já passaria.

À noite eu falava em voz baixa com meu bebê, tentando pensar nas coisas mais lindas que me ocorriam. Fosse menino ou menina, eu o encomendava a Deus e o punha nas mãos dele: só ele, o Todo-Poderoso, me ajudaria a seguir em frente. Foram momentos maravilhosos, porque estávamos só nós dois, meu bebê e eu, sonhando e pensando em como construiríamos, juntos, uma vida melhor, quando deixássemos aquele inferno para trás. Hoje em dia, quando o ponho na cama, ao anoitecer, e rezamos juntos, tenho a impressão de que todos aqueles instantes antes de seu nascimento foram vitais, porque criaram um vínculo muito forte entre nós e me ajudaram a construir o caminho que atravessamos agora.

À medida que minha gravidez avançava, o ambiente no acampamento entre os cativos foi ficando cada vez mais pesado. Não era eu, porém – longe disso –, a única que tinha problemas de convivência com os outros. O lugar onde nos mantinham prisioneiros era muito pequeno para tanta gente de procedência tão variada e costumes tão diversos, e a isso se somava a tensão de o Exército estar cada vez mais perto. Tínhamos perfeita consciência de que a qualquer momento podia haver uma tentativa de resgate ou um enfrentamento com a guerrilha, situações em que nós tínhamos tudo a perder. Os guerrilheiros haviam redobrado a guarda e passavam o tempo todo carregando as armas. Nós nos mantínhamos em estado constante de alerta, ouvindo os aviões passarem por cima de nossa cabeça sem parar, de manhã e à tarde. Estávamos muito assustados, e, no meio daquela angústia permanente, as pessoas estouravam pelas coisas mais triviais. Questões sem a menor importância, como um receber o café antes do outro, podiam desencadear uma discussão, a ponto de mais de uma vez ter sido necessário acalmar alguns. Mas, no caso, as coisas se agravaram especialmente; por causa da gravidez, eu estava muito sensível, e o que os outros me diziam me afetava além do normal. Um companheiro chegou a me sugerir que esquecesse meu bebê e o entregasse à guerrilha, ou que arranjasse um pai fictício, como se estivéssemos em épocas passadas. Eu tinha a impressão de que muitos dos meus companheiros preferiam que não me libertassem, e às vezes cheguei a sentir que queriam me comer viva. Sua intolerância era tamanha que beirava a crueldade. E parece que até, em algum momento, chegaram a fazer apostas sobre minha vida.

Tal era a situação que o comandante que estava à frente decidiu que o melhor era me separar do restante do grupo. O momento da despedida foi dramático, pelo menos para mim. Só um de meus companheiros se ofereceu para carregar minhas coisas até a porta – ainda não me haviam oferecido um verdadeiro equipamento devido a meus antecedentes de fuga. Alguns entraram no banheiro para não ter de se despedir, outros não foram capazes nem de se levantar e largar o cigarro para se despedir decentemente. E um ou outro se aproximou chorando, como se estivessem me levando para a morte. Foi uma situação patética. Quando por fim cheguei à porta do local onde nos mantinham trancados, não quis nem olhar para trás. Mas saí dali com a determinação de sobreviver e, para isso, tinha de passar por cima de tudo aquilo.

Analisando tudo em perspectiva, agora que já se passaram vários anos, quase acho engraçado, e não deixa de ter seu lado jocoso pelo ridículo de algumas atitudes humanas. Mas, naquele momento, representou um enorme sofrimento, e me fez passar instantes de verdadeira tensão, que puseram em risco minha vida e a de meu bebê.

CAPÍTULO 19

Emmanuel

A transferência à minha nova clausura solitária ocorreu no final de janeiro de 2004, quando estava aproximadamente no sexto mês de gravidez. Levaram-me a um lugar dentro do mesmo acampamento, mas na periferia, no extremo oposto ao que se encontravam os demais cativos. Ficava ao lado daquilo que os guerrilheiros chamavam de *economato*, onde guardavam todos os víveres. Também havia um curral com umas cem galinhas caipiras bem grandes, e um chiqueiro com um casal de porcos imensos. Ali situaram uma *caleta* grande coberta com uma lona. Tinha espaço para uma cama, uma mesa, uma cadeira e tábuas para pôr minhas coisas; ao lado colocaram um pequeno tanque com dois tambores de água de metro e meio de altura e, na parte de trás, um *chonto* e um buraco para jogar o lixo. Depois de ter dividido lugares estreitos e escuros, essa *caleta* me pareceu uma verdadeira suíte, com banheiro próprio. A primeira coisa que fiz foi arrumá-la e colocar as minhas coisas. As tábuas que haviam colocado ali para que eu dormisse eram largas, de maneira que era como uma cama *king size*.

Havia um espaço delimitado para caminhar e para estender a roupa ao sol. Não me permitiam me aproximar do armazém, nem de onde ficavam as galinhas e os porcos. Havia um guarda encarregado de cuidar dos animais, e ele não deixava que ninguém entrasse ali. À noite, a guarda era uma guerrilheira, que se postava a 5 metros de minha *caleta*, e cada vez que eu precisava ir ao *chonto* tinha de lhe pedir licença. Além disso, havia mais três guerrilheiras que se encarregavam de mim: a enfermeira que ia diariamente, por volta das 6 da tarde, para ver se eu estava bem ou se precisava de alguma coisa, a mulher que por volta das 4 da tarde verificava os tambores para que eu sempre tivesse água disponível, e a que se encarregava de me levar a comida. Guardo das três uma boa lembrança, porque sei que se preocuparam comigo de coração e procuraram me atender o melhor que puderam. Elas se limitavam a fazer o que lhes cabia, mas tinham uma atitude gentil, sem chegar a ser melosas, o que para mim era perfeito.

Não tardei a estabelecer minha nova rotina: eu me levantava por volta das 4 da manhã, ia ao banheiro, escovava os dentes, acendia uma velinha. Tinham me dado um pacote inteiro de velas, que fiz durar o máximo que pude. Varria o local e deixava tudo em ordem até que já começava a amanhecer, momento em que gostava de rezar o rosário. Nessa época, eu estava de novo sem rádio, de modo que não podia ouvir as notícias, algo de que sentia muita falta. Antes das 6 me levavam uma garrafa térmica com água fervida para que eu preparasse meu café, leite em pó e pão. Toda semana me davam um saco de pão, e eu comia um a cada manhã. Depois, descansava até as 8, quando tornava a rezar um rosário, caminhava por volta de meia hora, lavava minha roupa e me higienizava.

Passava o resto da manhã costurando fraldas e roupinhas para meu bebê com os lençóis que me haviam entregado e alguma toalha extra que houvesse guardado. Sentia fome muito cedo. Era uma das primeiras a almoçar, porque assim que a comida ficava pronta, a guerrilheira a levava para mim. Como geralmente eu não comia tudo, pedia licença ao guarda para levar as sobras aos porcos, e assim me distraía mais um pouco. Por volta da 1 da tarde descansava mais um pouco e rezava outro rosário. Depois, caminhava um pouco mais e, aproveitando que tinha banheiro próprio, tomava banho de novo. Às 4 da tarde me levavam o jantar, que costumava ser água com açúcar mascavo e *cancharina*. Quando acabava de comer, lavava meu prato e, antes das 5 da tarde, já havia terminado todas as minhas atividades diárias.

Dispunha de todo o tempo e espaço para mim. Ninguém fumava perto de mim nem tinha de suportar ruídos estranhos. Ali o silêncio era praticamente total. É verdade que sentia falta do rádio, mas gostava dessa tranquilidade e de poder ter um banheiro só para mim, algo que me fazia relaxar muito. Não havia quem me incomodasse, e eu também não sentia falta dos outros cativos. Não sabia nada deles, porque as guerrilheiras que cuidavam de mim não me davam notícias, nem o rapaz que ia de vez em quando limpar os tambores, e não parecia que alguém houvesse se interessado em me mandar uma mensagem.

Da minha *caleta* ouvia o barulho que chegava da padaria – porque nesse acampamento até havia uma – quando ligavam o motor a gás para fazer o pão. Às vezes também chegava alguma copla distante que alguém cantava acompanhado de um violão. O que me incomodava muito às vezes era o som do vento, pois agitava os galhos de umas árvores que faziam um ruído aterrorizador, como se fosse uma floresta encantada, tanto que cheguei a pedir que cortassem alguns ramos.

Diariamente, pela manhã e à tarde, eu ouvia o zumbido dos aviões e helicópteros do Exército que sobrevoavam a selva. Sempre tinha o cuidado de recolher a roupa que havia posto para secar, sobretudo porque naquela época eu tinha duas camisetas vermelhas de manga longa, que teriam chamado muito a atenção. Eu sabia perfeitamente que o Exército estava muito perto de nós e, embora tentasse me manter tranquila, esse barulho constante de aviões me desestabilizava muito porque me fazia temer que a qualquer momento se desencadeasse uma operação militar. De fato, a jornalista colombiana Jineth Bedoya relatou em seu livro *Las trincheras de Plan Patriota*[1] que o Exército, que estava atrás de *Mono Jojoy*, sabia que eu estava prestes a ter meu filho Emmanuel e já havia localizado nosso acampamento. E mais tarde soubemos que haviam conseguido finalmente chegar até ele depois que o abandonamos.

Sendo realista, eu tinha muitas coisas contra mim: o risco de uma operação militar que parecia iminente, a falta de um apoio afetivo, a ausência de notícias ou de mensagens e o fato de não haver nem médico no acampamento nem uma perspectiva real de obter um atendimento médico adequado.

Mais de uma vez acalentei a ideia de fugir. Pensava que o primeiro círculo de segurança que me custodiava seria relativamente fácil de superar e que não me custaria muito chegar ao rio. Mas, depois, lembrei que no rio havia um constante trânsito de lanchas da guerrilha. Também não sabia muito bem como levar as coisas básicas de que precisaria para a fuga e a comida. Estava magra, porque não devia ter engordado mais de 5 quilos em toda a gravidez, mas não podia

1. O Plano Patriota foi uma ambiciosa operação militar posta em execução em 2004 pelo governo de Álvaro Uribe, com o apoio dos Estados Unidos, para destruir a infraestrutura da guerrilha, obrigar seus comandantes a sair da selva e implantar uma presença militar em zonas remotas do país onde há enclaves guerrilheiros. (N. do E.)

carregar peso, nem ficar sem comer, porque isso não seria bom para o bebê. E também pensei no que aconteceria se o parto adiantasse para o sétimo mês enquanto estivesse em plena selva. Eram muitos fatores imponderáveis, e decidi abandonar a ideia. Depois, ficaria sabendo que a apenas quinze ou trinta metros de onde estava havia mais guardas postados para evitar que alguém fugisse. No total, naquele acampamento havia mais de duzentos guerrilheiros.

A situação em que me encontrava estava completamente fora de meu controle, e o fardo que eu tinha de suportar era tão pesado que decidi me encomendar a Deus. Um belo dia, disse a ele: "Eu quero viver, em suas mãos ponho a vida de meu bebê e a minha". A partir desse momento, parei de me preocupar além da conta. No fundo, eu ainda mantinha a esperança de que me libertassem ou me levassem a um posto de saúde ou, pelo menos, que permitissem a entrada do pessoal da Cruz Vermelha. Por isso, ficava atenta a cada lancha que chegava, pensando que talvez estivessem vindo por mim. Até o último momento, tão ingênua, pensei que algo assim poderia acontecer.

Durante esses três meses anteriores ao nascimento de meu bebê comecei a fazer exercícios de visualização positiva. Primeiro, defini como iria chamá-lo. Como havia lido a Bíblia de cabo a rabo, pensei que seria lindo colocar-lhe um nome bíblico e me veio à mente o nome Emmanuel, porque tem um significado especial: *Deus conosco*, que é, sem dúvida, uma bênção, o que meu filho seria para mim. Há um versículo no Antigo Testamento, não lembro bem se é no livro dos Salmos ou no dos Provérbios, que aponta que as maldições e as bênçãos são as faces de uma mesma moeda, de modo que cada um escolhe de que lado olhar. E escolhi que meu filho seria uma bênção de Deus para mim. Ocorreu-me, ainda, pôr um nome composto nele.

De modo que seu segundo nome seria Andrés, em homenagem a meu pai, e o terceiro, Joaquín, por meu avô, pois ambos foram homens que marcaram minha vida. De modo que decidi que se fosse homem se chamaria Emmanuel Andrés Joaquín, e Clara Sophia se fosse uma menina; Clara em homenagem a minha mãe e a mim, e Sophia porque é a deusa da sabedoria, e minha filha teria de ser muito sábia para sobreviver em um entorno tão difícil.

A partir desse momento, as bênçãos começaram a chegar à minha vida. Eu já me sentia mais tranquila, apesar do risco iminente a que estava sujeita. Havia paz em minh'alma. Para me acalmar, pensei que eu não seria, longe disso, a primeira mulher a ter um bebê na selva ou no meio do campo. E me lembrei do que acontecera com a mulher do homem que cuidava da chácara que meus pais tinham a três horas de Bogotá. Ela estava grávida e entrara em trabalho de parto quando o marido estava arando no campo. Como o povoado era afastado, não conseguira avisar ninguém. Só o filho mais velho, de 4 anos, estava com ela e lhe levara uma faca de cozinha para que cortasse o cordão umbilical. Eu devia ter, na época, 10 anos e ficara impressionada com a naturalidade e a tranquilidade com que essa mulher nos contara a história uma vez que fomos à chácara.

Na vida é importante termos os referenciais adequados no momento em que são necessários. E essa mulher foi o meu referencial. Todos os dias a recordava e me dizia: eu também tenho de ser capaz de fazê-lo. Com tudo isso, meu ânimo melhorou sobremaneira. Eu não comia muito porque de novo estava sem apetite, mas me mantinha bem de peso e dormia bem. O exercício que fazia e o banho me ajudavam a me sentir bem fisicamente, e eu não tinha os desconfortos da gravidez; só meus pés inchavam um pouco, algo normal nas grávidas, e, para aliviar isso um pouco, eu me deitava e os punha para o alto, o que também me ajudava a descansar e armazenar energia, da qual precisaria mais adiante.

Assim foram se passando os meses até chegar a meados de abril de 2004, que era o prazo, segundo minhas contas. Em 15 de abril me levantei como qualquer outro dia, mas pensei que, se meu filho nascesse naquele dia, seria no mesmo dia de minha avó, o que teria sido uma feliz coincidência. Pela manhã fiz minhas atividades normais e depois do almoço comecei a varrer a *caleta*, mas senti as contrações começarem. O rapaz que limpava os tambores de água estava lá, e quando acabou sua tarefa, perguntou como eu estava. Eu disse a ele que achava que a hora estava se aproximando, que era melhor que avisasse o comandante e a enfermeira e lhes recordasse que haviam me prometido que chamariam um médico. Logo chegou a enfermeira e disse para eu me deitar. Eu pedi que arranjasse um relógio para começar a controlar a frequência das contrações. Nisso apareceu o enfermeiro e disse que me atenderia porque não havia médico no acampamento; mas que não me preocupasse porque ele havia estudado medicina, embora não tivesse se formado. Naturalmente comecei a chorar; pensei que aqueles velhacos não tinham nada preparado e, ainda por cima, não havia médico. Que Deus me protegesse!

A partir desse momento, a enfermeira, a guerrilheira que levava a comida e o enfermeiro ficaram comigo, sem se afastarem nem um segundo sequer. Também começou a desfilar toda uma série de guerrilheiros que eu nunca vira antes; diziam que ajudariam e ficaram do lado de fora da *caleta*. Quando começou a anoitecer, acenderam uma fogueira e assaram pedaços de carne, enquanto falavam não sei bem de quê. Eu continuava com contrações e não tinha nenhum apetite.

De repente, o enfermeiro me perguntou se eu já havia saído da Colômbia. Respondi que sim, e ele pediu que lhe contasse sobre alguma viagem. Isso me fez pensar, e lhe contei de quando fora a Veneza, aos 12 anos. E com isso se passou um bom tempo. Recordo essa noite como algo especial, com toda essa gente ali fora me fazendo companhia de uma maneira diferente, contando histórias e piadas em volta da fogueira, que deixaram acesa bastante tempo. Por fim o sono me venceu, e dormi a intervalos, até que finalmente amanheceu.

Era 16 de abril, e as contrações continuavam no mesmo ritmo. Eu me sentia um pouco fraca por causa do esforço e porque não havia comido nada, mas também não tinha apetite. Por volta das 9 da manhã, o enfermeiro e duas guerrilheiras me ajudaram para ver se conseguia dar à luz de forma natural, mas não consegui. Até levaram uma corda, que amarraram de uma ponta a outra da *caleta* para que eu ficasse em pé e me segurasse enquanto empurrava. Pouco depois, o enfermeiro me explicou que, se aquilo não avançasse, seria necessário fazer uma cesariana, mas que esperaríamos até o meio-dia para ver o que acontecia. Se a essa hora o bebê não tivesse nascido, eles me aplicariam anestesia geral e me abririam para salvar a criança. Eu supliquei que fizesse o favor de se esforçar também para salvar minha vida. Ele riu e replicou: "Clara, não se preocupe. Tomara que seu filho nasça de parto normal e que não haja necessidade de uma cesariana. Eu, de qualquer maneira, também tenho de pedir autorização para operá-la. De modo que à 1 da tarde decidiremos".

Ao meio-dia eu já havia perdido muito líquido amniótico e notava que as contrações começavam a ficar mais espaçadas. Todos nós pensamos que o bebê estava sofrendo, e notei que os guerrilheiros estavam preocupados. Sabíamos que seria necessário fazer uma cesariana. Eu tinha dificuldade de assimilar que estava em uma situação tão extrema e dramática, a ponto de enfrentar uma cesariana em plena selva sem uma equipe médica, mas também não podia fazer mais nada além de me deixar nas mãos de Deus; se fosse vontade dele, eu morreria, e se ele quisesse, sobreviveríamos, meu filho e eu. O enfermeiro começou a transpirar e foi para fora jogar um balde de água nas têmporas e nas mãos. Havia arranjado umas luvas de procedimento e chegou outro guerrilheiro para instalar uma lâmpada conectada a um equipamento elétrico. Parecia inacreditável ter sobre mim uma lâmpada de cem watts. Assim chegou 1 da tarde, 1h30 e até 2 horas, sem que iniciassem a cesariana. Pensei que o enfermeiro devia ter se acovardado e gritei: "Ou começa já ou vamos morrer os dois, pois não sinto o bebê. Pelo amor de Deus, comece já!" Nesse momento, chegou outro guerrilheiro para comunicar que já haviam autorizado a intervenção. Finalmente, então, pegou minha mão para procurar a veia e aplicar a anestesia. O sono foi me vencendo enquanto pensava em minha mãezinha, em meu bebê, e que fosse o que Deus quisesse, até que em poucos segundos adormeci profundamente.

Quando acordei, já era noite. Havia várias pessoas à minha frente, mas eu não as conseguia ver bem; pareciam estar em uma terceira dimensão. Alguém estava segurando minha mão direita, parece que para controlar o soro e a anestesia. A lâmpada continuava acesa acima de minha barriga; também havia uma guerrilheira à esquerda iluminando com uma lanterna e o enfermeiro estava à minha frente, acabando de costurar o corte. Ao fundo da *caleta* distingui outra mulher com algo no colo; não conseguia ver o que era, mas estava enrolado em lençóis que reconheci como os que eu havia bordado, de modo que deduzi que devia ser meu filho. Havia um silêncio quase absoluto, e ela estava ensimesmada olhando para ele. Tentei me levantar e perguntei por meu bebê, mas gritaram para que não me mexesse. Eu estava com sondas por todos os lados. O enfermeiro disse para eu me acalmar: "Clara, você é danada, seu menino nasceu bem e perfeito. Fique quieta enquanto acabamos de costurar". O efeito da anestesia devia estar passando, e comecei a sentir as agulhas me costurando. Tudo doía demais, quase não conseguia me mexer e estava tremendo de frio. Alguém gritou que arranjassem toalhas e lençóis para me agasalhar, e adormeci de novo.

Quando tornei a acordar, já estava amanhecendo. Eu me sentia muito dolorida e cada movimento era uma tortura. A enfermeira se aproximou oferecendo-me algo para beber. Eu lhe perguntei por meu bebê e ela respondeu: "É um menino lindo, saiu arranhadinho no peito, na cabecinha e com o bracinho esquerdo um pouco roxo. Mas está bem, e os arranhões vão sumir rapidamente. O que você tem de fazer é descansar". Perguntei por que não o levavam até mim, e ela disse que me acalmasse: "Estão trocando a roupinha e logo o trarão; tome esta água com açúcar mascavo para se aquecer". Tornei a me dirigir a ela para perguntar por que tudo doía tanto, e ela me explicou: "A operação durou muitas horas, foi difícil tirar o bebê, porque não dava sinais de vida. Por isso saiu com o bracinho *troncho*. E depois suas vísceras saíram e tiveram de recolocá-las". Depois eu ficaria sabendo que durante a cesariana perdera muito sangue e estivera à beira da morte.

Por volta do meio da manhã finalmente levaram meu bebê e o colocaram a meu lado. Comecei a chorar de emoção e dei graças a Deus. Não me cansava de olhar para ele. Não me atrevia a tirar sua roupa, porque chovia e não queria que se resfriasse, mas estava divino. Parecia que eu estava vivendo um sonho, aquilo era simplesmente inacreditável. Contemplei várias vezes seu rosto calmo. E pensava em minha mãe e em toda minha família, no que diriam quando o vissem. Uma emoção intensa me dominava, mas não durou muito, porque comecei a ficar angustiada de pensar em como iria cuidar dele naquela selva, principalmente estando tão fraca. Tornei a pedir a Deus que se apiedasse de mim.

Duas guerrilheiras permaneciam a meu lado, uma para cuidar do bebê e outra para cuidar de mim. Logo chegou o enfermeiro para ver como estávamos nós dois. Examinou o bebê, e eu o vi, então, peladinho pela primeira vez. Era magrinho, com extremidades longas, mas seu peso e tamanho eram normais. Fiquei tranquila ao ver que os arranhões na cabecinha e no peito eram leves. Mais preocupante era seu bracinho esquerdo, que temiam que estivesse quebrado abaixo do ombro. Suas mãozinhas me pareciam perfeitas. Era um ser humano pequenininho e lindo. O enfermeiro me garantiu que o bracinho se curaria logo porque nessa idade precoce os ossos se soldam facilmente com a bandagem apropriada. Depois me examinou; eu continuava com fortes dores e sentia o corte muito inflamado. Disse que estavam esperando um medicamento, um antibiótico que teriam de me dar para que a cicatriz não infeccionasse. Além disso, haviam pedido leite em pó para preparar mamadeiras para o bebê. Eu não tinha leite e não podia dar o peito a meu filho, de modo que nos primeiros dias o alimentaram molhando um pedacinho de algodão em água com açúcar mascavo e colocando-o em sua boquinha. Também começaram a me dar algo para comer no segundo dia, mas eu vomitava tudo. Estava muito mal, e assim continuei durante quatro dias. Não parava de tremer; fazia frio e chovia muito. O bebê também estava se resfriando, de modo que nos transferiram para outro lugar dentro do acampamento onde faziam os trabalhos de talabartaria, que pelo menos tinha um teto de madeira, portas e janelas. Era um lugar muito mais protegido e ficava ao lado da enfermaria. Minha situação piorava a cada dia, meu ventre estava muito inflamado e eu não conseguia me alimentar. O bebê, como o leite em pó ainda não havia chegado, também não conseguia se recuperar. Um dia, *Martín Sombra*, acompanhado do enfermeiro, foi me dizer: "Você tem de comer, porque senão vai morrer. O único jeito de o remédio não acabar com você é comendo. Veja, aqui está um caldo de galinha, pelo menos molhe os lábios. O leite em pó e o medicamento já chegaram. Agora é sua vez de se esforçar para viver. Lembre-se, seu filho precisa de você". Devia ser o quinto ou sexto dia após o parto, e eu estava só pele e osso.

Tive de permanecer cerca de um mês sem me mexer, e tiveram de me manter com o soro. Tive febres intensas, até que conseguiram obter a vacina contra a febre amarela e aplicá-la em mim. Deram-na também a meu filho, junto com uma injeção de vitamina K. Ainda lembro o escândalo que fez e quanto sangrou. Naquela época, sentíamos muito perto a pressão do Exército, e o enfermeiro não devia ter um pulso tão firme. Pouco a pouco fui me recuperando e pude começar a comer um pouco de arroz branco, um caldo e água com açúcar mascavo.

Como não podia me mexer, colocaram o bebê numa pequena rede que ficava diagonalmente à minha cama, de maneira que eu o pudesse ver e embalar. Tomava sua mamadeira com vontade, crescia rapidamente e seus arranhões sararam logo. A primeira vez que lhe deram banho foi um momento inesquecível. Foi uma guerrilheira corpulenta, de olhos claros, que devia ser a mais experiente nessa tarefa, e por isso a encarregaram dela. Levaram uns tambores de água morna e duas cadeiras para dar-lhe banho aos pés da minha cama. Com o bebê, cada momento do dia era uma verdadeira novidade. Para todos, não só para mim, Emmanuel significava a vida no meio da morte. Todos nós tínhamos consciência de que podíamos morrer a qualquer momento, mas a presença de um bebê enchia nossos dias de vida e otimismo e suscitava o melhor de cada pessoa.

Ao lado da talabartaria onde eu me encontrava ficava a enfermaria, onde iam bem cedo em fila, diariamente, os guerrilheiros que precisavam de algum medicamento. Ao nos verem, nos cumprimentavam. A maioria era composta de rapazes e garotas jovens. Eu ficava impressionada com sua juventude, e eles, com minha coragem, ao verem meu filho.

O menino ia crescendo bem e a cada dia eu me sentia melhor. Estava tão absorta com o bebê que nem me preocupava com o barulho constante dos helicópteros do Exército, que haviam começado a sobrevoar cada vez mais assiduamente o acampamento. A missão deles era como procurar uma agulha no palheiro, mas a qualquer momento poderiam nos descobrir.

Em 15 de maio daquele ano de 2004 foi o Dia das Mães, e passei esse dia com meu filho. Já podia me movimentar com cuidado e me parecia um sonho ter Emmanuel a meu lado. Ao entardecer daquele dia, os helicópteros começaram a sobrevoar o acampamento em altitude muito baixa. Por volta das 6 da tarde, a guerrilheira que cuidava do meu bebê foi buscá-lo com um cobertor muito grosso e me disse: "Clara, prepare-se, eu tenho de sair com o menino. O enfermeiro já vem buscá-la. Depois nos encontramos na saída do acampamento. Não se preocupe, vamos no mesmo grupo, o bebê, todas as guerrilheiras e você. Os outros presos também serão evacuados". Não era muito comum que ela me desse algum tipo de explicação; deve ter feito aquilo porque eu ficaria preocupada e para que me arrumasse logo. Dei a bênção a meu filho enquanto as lágrimas escorriam pelo meu rosto. Era atroz afastar-me dele. De repente, senti um estouro de gente correndo para a saída. Eram os guerrilheiros que estavam saindo apressados com seus fuzis e equipamentos a tiracolo.

Poucos minutos depois chegou o enfermeiro para me buscar. Procurei andar muito devagar, segurando em seu braço. Eu ainda estava muito fraca; não haviam tirado ainda os pontos do corte, que tinha uns 20 centímetros de comprimento, e até esse momento eu só tinha dado alguns passos. E, de repente, me pediam que andasse pelo menos 500 metros. A noite já estava caindo. Com uma mão eu segurava uma lanterna, e com a outra segurava o braço do enfermeiro. Saímos da parte coberta por tábuas e começamos a avançar pelo barro, mas aí não resisti, fiquei sem forças e desmaiei. Felizmente, foi algo leve e não cheguei a perder a consciência por completo, mas sentia forte tontura. Dois guerrilheiros me carregaram e me levaram alguns metros mais adiante, onde me puseram sobre um plástico preto que haviam estendido no chão. Colocaram meu filho a meu lado também e senti um profundo alívio ao tê-lo comigo. Estava completamente escuro e nos mandaram permanecer em silêncio. À nossa frente ouvíamos os outros sequestrados passarem; pelo barulho que faziam, deviam estar acorrentados. Depois soube que os mantiveram durante alguns dias fora do acampamento, em um lugar mais afastado. Deixaram-me ali por um tempo, e, quando os helicópteros se afastaram, *Martín Sombra* e outro comandante que estava com ele (acho que se chamava *Alberto*) vieram até nós e deram licença para que acendessem cigarros, para dar um alívio a sua gente. Surpreendeu-me ver, de repente, tantas luzes na escuridão da selva. Levaram-nos, eu e o bebê, de novo para a talabartaria, e pudemos descansar. Dava a impressão de que o acampamento havia ficado vazio.

Na manhã seguinte, tudo estava aparentemente normal. Várias jovens guerrilheiras foram me ver e nos fazer companhia. O Exército continuava perto, espreitando. Alguns pontos do corte se abriram, de modo que tiveram de tornar a me costurar, dessa vez sem anestesia. Que prova mais dura essa!

Quando se passaram quarenta dias após o parto, os comandantes decidiram que era hora de eu voltar, com Emmanuel, ao local onde ficavam os demais cativos. Já haviam retirado meus pontos, e embora eu continuasse fraca, já podia caminhar. A partir de então, caberia a mim cuidar de todas as coisas do bebê. Mas isso não me preocupava tanto quanto o ambiente que nos cercaria. Não sabia como nos receberiam meus antigos colegas.

Capítulo 20

Com um bebê no acampamento

No dia 6 de junho, quando Emmanuel já tinha um mês e três semanas, eu me levantei cedo para acabar de recolher as coisas, embora já tivesse quase tudo pronto para a transferência. Vesti meu filho com sua melhor roupa. Poucos dias antes, havia chegado um pacote com todo tipo de coisas para bebê, até fraldas descartáveis, que eram um verdadeiro alívio. Segundo me informaram, o próprio *Mono Jojoy* havia mandado tudo aquilo pessoalmente.

A mulher de *Martín Sombra* foi se despedir de mim. Era jovem, de pele branca e bem bonita; sempre havia sido fria e distante comigo, mas dessa vez recomendou que eu cuidasse muito de meu bebê. Ficara convalescente quase o mesmo tempo que eu porque havia engravidado, mas perdera o bebê nos primeiros meses de gravidez, depois de cair durante uma caminhada. Duas vezes fora nos ver durante esses quarenta dias. Não me atreveria a afirmar, mas acho que ela teria preferido que seu filho tivesse sobrevivido.

O mundo dá muitas voltas, e com o passar dos anos acabamos sabendo de coisas que parecem incríveis. Já em liberdade, tive a oportunidade de visitar *Martín Sombra* duas vezes na prisão onde está retido. Na primeira vez em que fui, perguntou-me como estava meu filho. E quando eu disse: "Martín, felizmente estamos juntos, mas você já deve saber tudo que foi preciso fazer com o bracinho dele. O menino sofreu". Ele me respondeu: "Clara, pelo menos está vivo e com você. Se você soubesse que mais de uma mulher queria ficar com ele... Até minha companheira chegou a me insinuar alguma coisa, mas eu não permiti". Ainda tenho dificuldade de acreditar em algumas coisas, e não sei por que me contou isso. Limitei-me a responder: "Sim, tem razão, pela graça de Deus meu filho Emmanuel está vivo e comigo".

A verdade é que sobre esse comandante guardo recordações contraditórias. Acho que podia ter me libertado, inclusive antes de meu filho ter nascido, e assim teria me livrado de todo esse doloroso capítulo. Obstinou-se em não me entregar à Cruz Vermelha Internacional e em impedir a entrada no acampamento de algum membro dessa organização para que me assistisse, alegando que ele se limitava a cumprir ordens do secretariado. Porém, por outro lado, tenho de reconhecer que se encarregou de salvar minha vida e a de meu filho, que chegaram a ficar por um fio. Foi ele quem decidiu me separar dos outros cativos quando a tensão se tornou insustentável e me mandar instalar em um lugar isolado. No momento do parto, mandou um grupo de guerrilheiros com experiência em parto de vacas e enfermagem, que foram os que me atenderam da melhor forma que podiam com os precários recursos artesanais que tinham à mão. E após o parto, foi pedir-me, quase rogar, que me alimentasse e designou uma guerrilheira para que cuidasse de meu filho. De modo que eu diria que ele faz parte desse tipo de personagem que excepcionalmente se reveste de gestos humanitários.

Às 9 da manhã daquele 6 de junho apareceu o enfermeiro para nos levar, a mim e a meu filho, ao lugar onde estavam meus antigos companheiros. Eu estava ansiosa, mas muito tranquila e satisfeita. No fim, Emmanuel e eu havíamos ganhado a aposta pela vida.

Quando chegamos, estavam todos aglomerados na porta cantando canções de boas-vindas, coisa que me surpreendeu positivamente. Fizeram-me entrar no barracão de madeira, onde voltaria a dormir no mesmo beliche de antes. Quando cheguei a meu lugar, alguns homens tentaram exigir dos guerrilheiros que me acomodassem em outro lugar onde pudesse ficar mais confortável com meu filho, porque era complicado chegar à parte superior do beliche com um bebê. A intenção deles era boa, mas da maneira como pediram não conseguiram nada, de modo que fui para meu lugar, arrumei-o e deixei Emmanuel em cima da cama para pendurar sua redinha. Quando estávamos mais ou menos instalados, os outros foram me contar que começariam uma greve de fome para insistir que me dessem um lugar melhor. Eu disse que, se eles quisessem fazer aquilo, achava muito bom, mas que eu não poderia porque ainda estava muito fraca. A coisa foi engraçada, porque decidiram celebrar nossa volta com uma água com açúcar mascavo fermentada que tinham ali e começar a greve no dia seguinte. Mas essa beberagem caiu mal em mais de um, e no dia seguinte vários estavam com diarreia. Ainda assim, fizeram um dia de greve.

O ambiente no acampamento era extremamente tenso, porque o acossamento do Exército havia se intensificado. Passavam aviões de manhã e à tarde, e a cada dia o voo era mais rasante. Estávamos todos muito assustados, porque não sabíamos se os guerrilheiros tinham ordens de sair correndo ou de nos matar caso o Exército chegasse até nós. Os guerrilheiros estavam também muito nervosos e mantinham-se alertas, com as armas carregadas. Respirava-se a tensão no ar. A isso se somava o fato de nos manterem confinados e amontoados. Diferente do lugar onde haviam me mantido, afastada, onde eu podia caminhar, meus companheiros continuavam trancados nessa grande jaula, de onde não os tiravam nunca, nem sequer para ir ao banheiro, porque haviam construído um ali dentro. O lugar era tão estreito que não permitia deslocamentos, e até tiveram de estabelecer turnos para poder dar alguns passos porque era impossível fazê-lo todos ao mesmo tempo. Minha volta àquele lugar terrível, e ainda por cima com um bebê de poucos meses, só fez aumentar a tensão e gerar novos conflitos. Emmanuel se comportava como qualquer recém-nascido; chorava quando tinha fome ou quando estava incomodado, mas seu choro ecoava naquele lugar, principalmente quando havia silêncio. Eu não sentia confiança para pedir nada a ninguém, de modo que tive de assumir toda a carga de cuidar dia e noite do bebê, alimentá-lo, lavar sua roupinha e a minha e estar alerta durante o dia todo. Eu racionava as fraldas descartáveis e durante o dia colocava as de pano, como havia dito o enfermeiro, e tinha de lavá-las quatro vezes ao dia.

Certa manhã, acordei cedo porque o bebê estava chorando; levaram sua mamadeira, acalmou-se e aproveitei para ir à lavanderia lavar um pouco de roupa. Mas, quando estava acabando, ouvi-o chorar de novo e saí correndo para ver o que estava acontecendo. Acalmei-o e, ao voltar, encontrei alguns de meus companheiros incomodados, queixando-se porque eu não havia recolhido a roupa nem ajeitado o lugar para que os outros passassem. Em geral, comportavam-se como se eu fosse uma estranha para eles. Tinham a mesma atitude de alguém que se hospeda em um hotel cinco estrelas e que, ao encontrar um mínimo detalhe que não é de seu agrado, liga imediatamente reclamando. Eu não queria brigar mais com eles, e essa atitude me parecia ridícula. Fiquei calada na porta da lavanderia.

Em outra ocasião, queixaram-se aos comandantes porque eu havia tomado banho duas vezes no mesmo dia. Fiz isso porque estivera lavando fraldas e estava exausta, e como todos já haviam tomado banho à tarde, decidi aproveitar para me lavar de novo. Eles acharam o cúmulo, diziam que eu recebia muita atenção especial. Nesse momento, aproximou-se um dos três norte-americanos e disse em seu espanhol rudimentar: "Clara, não se preocupe. Fiquei calado porque me pareceu exagerado todo esse tipo de queixa; não quero agravar mais ainda a situação".

O comandante estava farto dessas discussões, que às vezes eram um tanto infantis, e disse: "Ouçam, nós trouxemos Clara e o menino até vocês porque achamos que aqui ficariam melhores. Vocês não a ajudaram nem parece que a queiram ajudar. Podem deixar, nós veremos como resolver isso". Como consequência, um enfermeiro foi me dizer que levariam o bebê durante um mês para tratar de seu bracinho, que iam tentar consertá-lo, e que para isso ele precisava de total quietude e tranquilidade. A guerrilheira que o atendera antes cuidaria dele. Eu fiquei arrasada ao ouvir que me separariam de meu bebê; tinha certeza de que a verdadeira razão disso eram as disputas que havíamos tido.

E assim foi: o enfermeiro o levou, e eu quase enlouqueci ao ver que me separavam de meu filho. Comecei a me levantar muito cedo, caminhava antes do amanhecer, pois havia pedido o primeiro turno para fazer exercícios, e cantava para a Virgem. Alguns assoviavam para que me calasse, e outros deixaram de falar comigo. Depois de ter provocado essa situação, agiam como se nada houvesse acontecido. Um dia, agarrei-me à malha metálica e gritei desesperadamente aos guerrilheiros que devolvessem meu filho. O mais delicado que lhes disse foi que eram uns filhos da mãe. Meus gritos devem ter sido ouvidos a vários quilômetros dali; até o próprio *Marulanda* deve tê-los ouvido. Depois de cada grito, o acampamento ficava mergulhado em um profundo silêncio. Até minha voz fazia eco. Depois, tive de pedir desculpas ao enfermeiro e prometi que não tornaria a fazer aquilo. Mas, como diz o ditado, "Paris bem vale uma missa", e estava disposta a tudo para recuperar meu filho.

Naquela época, alguns militares e policiais do pátio ao lado começaram a manifestar sua solidariedade mandando-me coisinhas bordadas para o bebê. Fizeram umas mantinhas que pareciam compradas, um porta-fraldas e um cobertor. Também teceram uma coruja e montaram um móbile e chocalhos. Chegaram até a confeccionar sandálias de couro e tênis pequeninos para meu filho. Eu ficava emocionada com todas aquelas atenções, sobretudo porque foram justamente os mais humildes que me estenderam a mão naquela situação. Nunca me esquecerei disso.

Para ocupar meus dias e tentar preencher o vazio que Emmanuel havia deixado, comecei a bordar de novo. Mas a ansiedade me vencia, e eu não conseguia esperar pacientemente até que o devolvessem a mim, de modo que decidi iniciar uma greve de fome de nove dias, que ofereci à Virgem. O enfermeiro disse que, dadas as minhas condições, era uma loucura; eu também tinha consciência disso, mas sentia que tinha de fazer alguma coisa para recuperar meu filho. Não podia permanecer impassível, de braços cruzados, esperando que o trouxessem de volta, de modo que iniciei o jejum e consegui terminá-lo como me havia proposto. E depois de alguns dias, o enfermeiro disse que me permitiriam ver meu bebê de novo, mas só durante algumas horas por dia, para que não tornassem a acontecer as cenas de tensão com meus companheiros, que tanto afetavam ao bebê quanto a mim.

Depois de um mês de separação, voltei enfim a ver meu bebê, no final do mês de julho. Ainda estava muito fraca e me sentia como se estivesse lutando sozinha contra o mundo todo. Mas todo dia, quando o levavam para mim, procurava estar animada e passávamos juntos os momentos mais agradáveis do dia. Eu lia histórias para ele e cantava; à medida que o tempo passava, fui recuperando a calma e a tranquilidade. Concentrei-me exclusivamente no cuidado ao meu bebê e deixei de prestar atenção a meus companheiros e às suas absurdas atitudes; só me relacionava com aqueles que se aproximavam de nós com gentileza. Quando Emmanuel não estava comigo, eu pedia à guerrilheira que cuidava dele que me mandasse a roupinha para eu poder lavá-la, assim, cada vez que o levavam para mim, eu o trocava e o deixava limpinho com o que havia preparado ou com o que os militares e policiais me mandavam.

Na época, os norte-americanos fizeram um esforço para melhorar suas relações comigo e comecei a passar mais tempo com eles nos períodos em que não estava com meu filho. Jogávamos xadrez, *banca rusa*, líamos juntos livros em espanhol ou comentávamos as notícias. Havíamos dividido a limpeza do barracão onde nos mantinham, entre todos nós. Como eu ainda estava fraca, no primeiro mês fizeram uma exceção e não me incluíram nos turnos. Mas, depois, tive de me juntar a eles e fiz par com um dos norte-americanos para dividirmos as tarefas. Ele limpava o banheiro e os tambores de água, que era o mais pesado, e eu fazia o restante: servia a comida, lavava os utensílios, limpava a mesa e as cadeiras e varria. Ele também me ajudava a passar pano no chão, principalmente depois de alguém se queixar de que não havia ficado benfeito, porque eu decidira não passá-lo de novo. As outras tarefas não me incomodavam; assim, sentia que fazia parte do grupo e que tinha direito de reclamar do que fosse preciso. Mas, na verdade, eu não me queixava muito; achava absurdo ter de pedir-lhes que tirassem o lixo ou que jogassem fora as pontas de cigarro. A falta de consideração que tinham com os que não fumavam realmente me incomodava. Havíamos estabelecido que não se podia fumar dentro do barracão, só fora, mas algumas vezes ignoravam essa norma.

Decidi ignorar por completo a indolência dos outros, e isso me ajudou a sobreviver e suportar as difíceis situações que se apresentavam. A clausura e a pressão de viver sob o acossamento do Exército mantinham a todos em um estado de angústia tamanha que era muito frequente que alguém explodisse por qualquer bobagem; os enfrentamentos entre nós eram constantes, como aconteceu um dia na fila para pegar água quente. Eu costumava ser uma das primeiras porque era a única que tinha uma garrafa térmica; os outros, como só dispunham de copos de plástico, esperavam que a água esfriasse um pouco, porque, senão, estragaria o recipiente. Um belo dia, quando estava pegando minha água, Ingrid gritou comigo por eu ter passado primeiro. Não era a primeira vez que fazia isso. Por causa do susto, a água quente caiu, e eu queimei a mão. Um dos norte-americanos me pediu que me acalmasse e não respondesse nada. E outro me disse: "Nem torne a se aproximar de lá para pegar a água". A partir desse dia, ele pegava todos os dias a água com que eu preparava meu café e a mamadeira para meu filho.

Hoje tudo isso perdeu a importância, mas naquele momento doeu. Aqueles enfrentamentos, mesmo que fossem por bobagens, causavam mal-estar. E reconheço que tive de fazer um enorme esforço para superar tudo aquilo e fechar feridas.

Capítulo 21

A marcha

O Exército estava em cima de nós; os aviões e os helicópteros passavam cada dia mais perto e com maior frequência, e não tínhamos dúvida de que logo nos mudariam de acampamento para evitar que os militares acabassem nos localizando. Os norte-americanos sugeriram que, para ficar em forma, eu fizesse o esforço de comer de tudo e começasse a levantar pesos e fazer um pouco mais de exercício. Eles haviam preparado uma academia rudimentar com dois tambores de plástico amarrados a uma árvore com um sistema de polias, que usavam como pesos. No início, eu punha dentro deles só um pouco de água, para que não pesassem muito, mas fui aumentando aos poucos o peso para melhorar minha resistência e tenho de reconhecer que aquele treinamento tão rudimentar me ajudou muito. Quando começamos a marcha, em final de setembro, eu já podia caminhar normalmente e era capaz de carregar minha bagagem.

Meu filho tinha apenas cinco meses e era ainda um bebê. Eu havia preparado todas as suas coisas e deixara mais à mão todas as mudas e os utensílios de que precisaria para cuidar dele durante o caminho. A mesma guerrilheira que cuidara dele desde que nascera iria carregá-lo. É verdade que não falei muito dela; como acho que ainda está na selva, não a quero prejudicar, mas essa mulher teve um comportamento excepcional. Ofereceu-se para cuidar de meu filho pouco depois de ele nascer, foi me ver quando ainda estava na cama e me perguntou: "Você se incomodaria se eu assumisse os cuidados de seu filho? Fico preocupada porque sou muito gorda, e talvez isso não lhe agrade". Eu respondi: "Obrigada por me perguntar. Eu, em geral, não tenho preconceitos desse tipo. Se o comandante lhe der licença, para mim está tudo bem. O mais importante é, sem dúvida, seu desejo de cuidar dele. E imagino que você deva cozinhar muito bem. De modo que não vai deixar que meu bebê passe fome". Foi assim que começou a cuidar dele.

Uma noite, em fim de setembro, quando começava a escurecer, o enfermeiro foi nos informar que havia chegado o momento, e que nos preparássemos para iniciar a marcha no dia seguinte. Pediu-nos que levássemos conosco o mínimo indispensável. Meu bebê iria dentro do canguru que Ingrid havia confeccionado para ele. Ela havia pensado, antes que nascesse, que podia ser útil fazer um, e estava certa. Essa atenção foi linda de sua parte.

Ao amanhecer, já estávamos todos prontos; havíamos, inclusive, deixado o barracão completamente desmontado, com os colchões amarrados, e havia certo nervosismo entre nós. Deram-nos uma garrafa de vodca, dividida entre todos. E um dos norte-americanos, quem sabe se por intuir que durante a marcha talvez nos separássemos, foi e me disse: "Vamos brindar com este trago, e nos perdoarmos. Eu não quero voltar a ter nenhum problema com você, nunca mais".

Pareceu-me um gesto amistoso. Não era a primeira vez que tentava aparar as arestas comigo.

Depois disso, despedimo-nos gentilmente e iniciamos a marcha. Formávamos um grupo enorme, 38 cativos e cerca de 200 guerrilheiros. Colocaram-me na frente de todos, para que ficasse mais perto das mulheres que levavam meu filho. Poucas horas depois, percebi que não tinha forças para carregar todos os meus pertences, e não tive outra opção a não ser abandonar o colchonete e uma sacola. Na segunda parada desprendi-me da metade de minhas coisas porque não conseguia resistir ao peso. Fiquei só com a barraca, o mosquiteiro, a rede, uma muda de roupa, uma toalha, o prato, os itens de higiene pessoal e o couro da cobra que apareceu no rio, porque eu havia decidido conservá-lo, como se fosse um troféu de guerra. Cuidava dele diariamente deixando-o secar, coisa que também me servia de entretenimento. Apesar de ter me livrado de quase tudo, minha mochila ainda devia pesar cerca de 15 quilos.

O caminho através da selva era duro, mas, dia após dia, fui me habituando. Sem dúvida, aquela era a marcha mais difícil que havíamos realizado, principalmente porque continuávamos com o Exército no nosso encalço, e tínhamos de avançar rápido. Os guerrilheiros estavam muito tensos, e o cansaço não é bom conselheiro. Todos os dias mandavam-nos levantar às 5 da manhã; eu vestia a roupa que havia lavado na noite anterior e que pusera para secar em uma corda. Ia ao *chonto*, lavava o rosto e escovava os dentes e voltava para pegar o mosquiteiro, a rede, os plásticos e a barraca, que dobrava bem para guardá-la. Depois que chovia, procurava secá-la para que não se estragasse. Às 6, levavam-nos o café da manhã, que tínhamos de comer rapidamente, para em seguida lavar os utensílios e recolher a comida que levávamos conosco. Com isso, fechava a bagagem e fazia a prova final, que era carregá-la para ver se aguentava o peso. Depois, arrumava as alças para levá-la melhor, penteava-me e já estava pronta esperando a ordem de saída. O ritmo militar estava completamente interiorizado em mim.

Antes de partir, coisa que costumava acontecer um pouco depois das 6, eu sempre via meu filho, que ia à frente. Pelo menos conseguia dar-lhe um beijo e minha bênção antes de seguirmos. Ele logo adormecia. Eu caminhava atrás dele, à frente de um grupo de doentes, uns que seguiam a pé e outros carregados em padiolas. A cada duas ou três horas parávamos para descansar, e como eu já estava com fome, almoçava apressadamente enquanto iam chegando os últimos e, assim, aliviava o peso da bagagem. Quando os outros comiam mais tarde, eu aproveitava para passar um pouco de tempo com o bebê e dar-lhe seu almoço. A essa hora, metade do dia, fazíamos um descanso e depois continuávamos caminhando até que começava a escurecer, que era quando os guerrilheiros identificavam um lugar para pernoitar e nos designavam os lugares para dormir. Ao chegar a um local para passar a noite, a primeira coisa que fazíamos era pendurar a rede e nos prepararmos para o banho no rio. Eu costumava entrar na água de roupa e tudo, porque assim tirava o barro que tinha; depois, voltava à rede, tirava a roupa e já punha a outra muda para dormir. Por volta das 7 horas da noite nos avisavam para ir comer, mas normalmente eu estava tão cansada que preferia dormir.

A cada dia caminhávamos quase dez horas diárias, e aquela marcha exigia um esforço enorme de todos nós. Mais ainda aos militares e soldados, que estavam todos acorrentados pelo pescoço de dois em dois. Era um espetáculo lamentável vê-los avançar penosamente pelo mato; parecia uma cena saída de um filme de escravos. Eles permaneciam sempre acorrentados, e à noite colocavam outra suplementar para prendê-los a uma árvore, de modo que quase não podiam se mexer. Os outros homens civis só eram acorrentados excepcionalmente; os norte-americanos e as mulheres, nunca, que eu saiba – com exceção daquela vez com Ingrid e comigo, no início do sequestro, depois de nossa fuga frustrada.

Os guerrilheiros sempre mandavam na frente um pequeno grupo avançado para que fosse abrindo caminho no mato. Também cortavam troncos das árvores e os colocavam nos riachos, que tínhamos de atravessar um de cada vez, com a bagagem a tiracolo, fazendo um enorme esforço para manter o equilíbrio. Quando alguém dava um passo em falso, rolava vários metros, e com a mochila nas costas, que era como carregar uma pedra. Às vezes não havia água, e levávamos uma bela pancada. Pior ainda era para os acorrentados, que precisavam atravessar de dois em dois e ter muito cuidado para não cair, ou, se caíssem, pular para o mesmo lado para não se enforcarem.

Um dia, tivemos de fazer uma façanha – pelo menos, foi o que me pareceu. Era meio-dia e havíamos chegado à margem de um grande rio, que devia ter uns 50 metros de largura e vários de profundidade. A correnteza era tão forte que não se podia atravessar a nado nem com lanchas, de modo que tivemos de cruzá-lo segurando uma corda que amarraram de um lado a outro. Pelo menos nos deixaram tirar a roupa, eu fiquei com um short que tinha, e não nos obrigaram a atravessar com a bagagem. Os norte-americanos foram os primeiros a atravessar, e depois outra mulher e eu. Para minha surpresa, conseguimos atravessar sem problemas, mergulhadas na água até os joelhos, e do outro lado vimos os seguintes passando, muitos com o pânico estampado no rosto, pois não sabiam nadar. Meu bebê também foi entre os primeiros, encaixadinho em um bote de plástico que umas guerrilheiras haviam preparado e que iam arrastando, porque teria sido impossível passar com ele no colo. Nem me deixaram ver como iam transportá-lo para que não me preocupasse, por isso eu me emocionei ao vê-lo todo tranquilo, com a roupa limpa, como se estivesse passeando. Tivemos de esperar um bom tempo até todo o grupo atravessar. Todos conseguiram, inclusive os acorrentados, que devem ter passado maus bocados. Ter superado aquela prova me pareceu um bom presságio, e pensei ser um sinal de que todos nós nos salvaríamos.

Continuamos caminhando, dia após dia, avançando penosamente através da selva, até que numa manhã, no final de outubro, Ingrid se aproximou de mim, coisa que me surpreendeu porque quase nem nos falávamos, e disse: "Clara, vão nos separar em grupos". De fato, os guerrilheiros estavam começando a ler uma lista com o nome dos que ficariam em cada um. Haviam falado que o Exército estava em cima de nós e que seria mais simples nos deslocarmos em grupos menores. Chegamos mais perto para ouvir, e Ingrid foi colocada com vários militares. Surpreendeu-me que mandassem só uma mulher. Mas como eu já havia pagado um preço muito alto por perguntar, no dia do sequestro, para onde a estavam levando, decidi dessa vez guardar silêncio. Eu ficaria com meu filho Emmanuel, e isso era o mais importante. Fazia tanto tempo que estávamos distanciadas que não me ocorreu pedir que nos deixassem juntas e, ao que parece, a ela também não. As más línguas diziam que ela havia pedido expressamente aos comandantes que nos separassem, porque, parece, não suportava ficar perto de mim. Não dei ouvidos a esses comentários e pensei que nem ela me parecia capaz de chegar a esse extremo, nem eu acreditava que os comandantes dariam atenção a esse tipo de pedido. Quando chegou o momento, fui me despedir dela e disse que nos encomendássemos à Virgem de Guadalupe. Honestamente, eu confiava que tornariam a nos reunir mais adiante, como já havia acontecido em outras ocasiões. E, quando o grupo que levava meu filho partiu, juntei-me a ele sem reclamar.

Naquele grupo estavam também as outras duas mulheres, os três norte-americanos, alguns militares e policiais e alguns civis. No total, éramos 26 cativos e permanecemos juntos mais alguns dias, até que tornaram a separar outro grupo de policiais e soldados, e não voltamos a ter notícias deles. Entre eles foi José Libardo Forero[1], com quem eu não havia falado mais que poucos minutos durante a marcha. Estava cuidando de meu filho quando ele se aproximou com um companheiro para se despedir. Entregou-me seu Novo Testamento, uma imagem da cruz e disse: "Clara, encomende-se à Santa Cruz, junto com seu filho Emmanuel. Não esmoreça nem um segundo sequer". Eu colei essa imagem da cruz atrás de uma foto de meu filho que me dariam meses depois, e ambas me acompanharam até o dia em que recuperei a liberdade. Não tornei a ver José Libardo, mas lembro com carinho de sua generosidade e humildade.

Quando ele e os outros foram embora restaram dezoito cativos. Continuamos avançando juntos até 31 de outubro. Não esqueci a data porque era Halloween e depois de um período em que havíamos passado penúrias e até fome, eu tinha vontade de algo doce, de modo que pedi um pedaço de rapadura, porque pensei que devia ser o único doce que tinham, e ofereceram uma para cada um. Eu a parti em pedacinhos, para ir racionando, e guardei-a em um saco plástico para que não se enchesse de formigas. Todo dia eu comia um pedacinho, e isso me ajudava a recuperar um pouco de energia, porque estava extenuada.

Poucos dias depois nos avisaram que tornariam a dividir o grupo. Os norte-americanos e alguns uniformizados seguiriam separados. Com eles partiu o capitão Julián Guevara[2], de cuja morte soubemos

1. Cabo da polícia. Foi sequestrado no dia 12 de julho de 1999. (N. do E.)

2. Faleceu em cativeiro em 20 de janeiro de 2006, aos 41 anos, depois de sete anos sequestrado. Sua saúde se deteriorou progressivamente, e segundo vários colegas de sequestro as Farc não lhe proporcionaram cuidado médico adequado. (N. do E.)

meses depois pelo rádio. Naquele momento da separação ele já começava a ter problemas de saúde; de fato, nesse mesmo dia tiraram suas correntes porque suas pernas estavam roxas, assim como acontecia com o coronel Luis Mendieta[3], que ficou em nosso grupo e conseguiu sobreviver àquela doença que nunca soubemos muito bem o que era. Talvez uma espécie de intoxicação.

Em novembro, trocaram o comandante responsável e puseram um chamado *Jerónimo*, que chegou com um grupo de guerrilheiros jovens para fazer a guarda. Pareciam crianças, não creio que tivessem mais de 14 anos, e andavam com munição e fuzil a tiracolo. O novo comandante disse: "Aqui ninguém vai voltar a passar fome". E cumpriu sua promessa, porque conseguiu carne, mandioca, bananas e até algumas verduras, como cenoura e tomate. Mandou que cozinhassem sopas e um prato típico colombiano chamado *sancocho*, que se prepara com mandioca, banana, batata, cebola e um pouco de carne. De modo que nossa alimentação melhorou consideravelmente. Naquela época já não caminhávamos todos os dias; permanecíamos dois ou três dias no mesmo lugar, até que em fim de novembro nos instalamos em um lugar onde ficamos por dois meses.

3. O coronel Luis Mendieta foi sequestrado pelas Farc em 1.º de novembro de 1998 junto com outros sessenta policiais e militares. No momento fechamento deste livro, ainda continuava cativo. (N. do E.)

Capítulo 22

O Natal

O Natal é uma das épocas mais difíceis em cativeiro. Principalmente para quem está acostumado a se reunir com a família e os amigos para compartilhar essas datas com harmonia, alegria, oração e pratos especiais.

Na Colômbia, as festas natalinas são longas e têm uma agenda cheia: começam tradicionalmente na noite de 7 de dezembro, quando se acendem velas para a festa da Virgem, celebrada no dia seguinte. De 16 a 24 acontece a novena, na qual todos os dias amigos e familiares se reúnem e rezam uma série de orações para esperar a chegada do Menino Deus. Quando termina, é costume cantar *villancicos* – canções natalinas de temas religiosos – e comer bolinhos e *natillas*. Nesses dias vai se preparando, também, a árvore de Natal e o presépio, para representar o lugar onde o menino nasceu, em meio a pastores e bois. Em 24 de dezembro faz-se uma ceia especial e entregam-se os presentes às crianças da casa. Em 31 de dezembro festeja-se a chegada do Ano-Novo com fogos de artifício, que explodem no ar, e shows pirotécnicos. As festas terminam em 6 de janeiro com a chegada dos Reis Magos.

Na selva não há nada disso. Nem mesmo velas, e as noites são muitíssimo escuras. Por isso se sente falta sobretudo do calor humano, da generosidade e da alegria que caracterizam as festas natalinas. Os dias são todos iguais, tanto faz se é 24 ou 31 de dezembro, sempre se come e se faz a mesma coisa; essas datas só se diferenciam das outras porque se sofre ainda de mais melancolia e solidão. Porém, isso não parece afetar os guerrilheiros; eles não celebram o Natal, talvez porque nunca o viveram; a questão é que ignoram completamente essas datas e agem como se não sentissem falta de nada, nem de suas mães.

Mas, apesar de tudo, aquele Natal de 2004, por ser o primeiro que passava com meu filho, foi especial. Haviam nos instalado em um lugar mais estável, não nos mantinham mais caminhando de um lugar para o outro. Dormíamos quase ao relento, mas pelo menos a comida havia melhorado um pouco e, além do mais, emprestavam-nos um rádio para que ouvíssemos juntos pela manhã, das 5 às 8, e à tarde a partir das 6 horas. Também haviam nos levado alguns baralhos, mudas de roupa e, para meu filho, outro pacote de fraldas descartáveis, duas mamadeiras novas e – isso é o que mais lembro – um andador. Naquela época Emmanuel estava começando a sentar e eu o colocava nesse artefato, que tinha uma mesinha com um telefone vermelho que lhe servia para comer, e ele podia se movimentar à vontade. Para seu banho me deram ainda dois tubos de xampu de bebê e uma bacia verde de plástico ovalada. Ele adorava tomar banho, e eu gostava de lavá-lo e de que ficasse com um cheiro tão gostoso. Naquela remessa tão generosa chegou também uma espécie de geladeira de isopor com cinquenta picolés. Deram um para cada um de nós, e meu filho se deliciou comendo seu primeiro picolé, que era de baunilha com chocolate. Um verdadeiro luxo em plena selva. Quando chegou 1.º de dezembro, pedi licença para cortar um arbusto e o coloquei no meio da pracinha onde entregavam nossa comida. Com as embalagens dos picolés, que eu havia pedido a meus companheiros que guardassem para mim, fiz umas bolas decorativas para nossa arvorezinha de Natal e convidei todos os outros a colaborar. Para minha surpresa, os quatro militares e policiais pegaram os cartões que seus parentes haviam mandado nos anos anteriores. Outros se animaram a montar algumas estrelas e enfeites, de modo que cada um fez sua contribuição para a árvore. Atrás dela passeavam as galinhas e até um casal de porcos, e meu filho se divertia vendo tudo aquilo. O menino continuava dormindo em outro lugar com as guerrilheiras que cuidavam dele, porque no caso de um ataque militar, elas sairiam primeiro com ele e, assim, salvariam sua vida. Mas esse comandante, *Jerónimo*, era pelo menos mais generoso com o tempo que eu passava com Emmanuel. Mandava-o para mim de manhã cedo e permitia que ficasse comigo até quase o anoitecer, de modo que fazia todas as refeições conosco e com frequência também o banho. Quando chegou a época das novenas, um dos policiais fabricou como pôde um par de maracas para os *villancicos*, e todas as manhãs rezávamos e cantávamos. O comandante, inclusive, deu-nos três galinhas, duas anãs brancas e um galo magro. Os policiais se encarregavam de cuidar delas, e no fim de dezembro nasceram uns pintinhos lindos. Que cara meu filho fez ao vê-los! Aqueles animais passaram a fazer parte de nosso grupo e nos permitiam relaxar um pouco. Com tudo isso, o ambiente daquele Natal foi muito mais agradável. A única coisa que o ofuscou foi sabermos pelo rádio que a irmã de um dos companheiros havia morrido. Todos nós sofremos aquela perda.

O Natal seguinte já não passei com Emmanuel, mas tive o firme propósito de fazer a novena, rezar e cantar os *villancicos* pensando em meu filho, porque isso era uma maneira de me sentir perto dele. E vários colegas de cativeiro me acompanharam nesse esforço.

Outro Natal de que guardo uma boa lembrança, dentro das circunstâncias, é o último, porque eu estava feliz com a perspectiva de minha libertação iminente e o próximo e muito esperado reencontro com meu filho. Durante aqueles dias encomendei-me diariamente ao Santíssimo e à Virgem e tentei me manter o mais tranquila possível.

Capítulo 23

A grande separação

Em meados de janeiro de 2005 surgiu uma ferida no rosto de Emmanuel, na bochecha esquerda, causada, ao que parece, pela picada de um pernilongo. Limparam-na e a cobriram com gaze para que cicatrizasse. Mas passavam-se os dias e não só não se curava como aquilo se estendia e piorava. Além do mais, devia arder, porque ele chorava e tentava arrancar a gaze que colocávamos depois do banho. Comecei a me preocupar e comentei com o novo enfermeiro que tínhamos ali, que era um rapaz jovem, de boa vontade, mas, na minha opinião, bastante inexperiente. Também não tinha muitos recursos, não contava sequer nem com esparadrapo ou band-aid.

Como aquilo não melhorava, fui comentar com o comandante *Jerónimo*, que disse que talvez se tratasse de leishmaniose[1]. Pergunteilhe se dispunham dos medicamentos adequados para tratá-lo e aproveitei para me queixar também de seu bracinho, que continuava

1. Doença causada pela picada de um mosquito que habita principalmente as selvas tropicais. Causa úlceras na pele e seu longo tratamento exige aplicação de injeções. Pode ser fatal se não for tratada adequadamente. (N. do E.)

sem receber o tratamento adequado. Ele respondeu que precisava de Glucantime Pediátrico, porque não podia receber o medicamento de adultos, mas que não tinham e que teriam de pedir, algo que seria difícil pela proximidade do Exército. Ao ouvir aquilo, fiquei nervosa e repliquei: "E quando vai chegar esse remédio? Meu filho não pode esperar! Por que não o entregam à Cruz Vermelha Internacional para que eles o atendam e o levem para minha mãe? Você bem sabe que aqui não é lugar para um bebê. Preciso salvar a vida dele! Você mesmo acaba de dizer que o Exército está perto, e não quero nem me imaginar no meio de uma operação militar com o menino. Vocês vão ficar como uma guerrilha de bárbaros por submeter uma criança a isso. Já conseguimos salvá-lo nos momentos mais difíceis e vocês não o podem deixar morrer agora".

Poucos dias depois, uma manhã em que eu estava com Emmanuel olhando os pintinhos, o comandante foi me dizer: "Seu filho está mesmo com leishmaniose. Vamos levá-lo por quinze dias para que lhe administrem o medicamento e depois o devolvemos. Você aceitaria?". Sem pensar muito, respondi de imediato: "Claro, adoraria poder levá-lo eu mesma!". Mas ele replicou: "Isso é impossível, e você sabe. Você não pode ser vista por ninguém porque vai ferrar todos nós. Prepare-se para se despedir; em 23 de janeiro, noite de lua cheia, levaremos seu filho". Roguei que pelo menos fosse levado pela guerrilheira que cuidava dele desde o nascimento. Mas isso o irritou: "Mas que velha mais teimosa, caralho! Ninguém pode ser visto, nem uma detida como você, e menos ainda alguém da guerrilha. O lancheiro virá buscá-lo".

Fiquei consternada; voltei a minha *caleta* fazendo um esforço enorme para não chorar na frente de Emmanuel, mas, apesar disso, era como se ele houvesse conseguido intuir alguma coisa. Um dos companheiros foi me perguntar o que *Jerónimo* havia dito. Eu respondi que levariam o menino para ministrar o medicamento e que o devolveriam em quinze dias. "E você disse que sim?", perguntou ele, surpreso. Respondi que sim, para que a guerrilha não tentasse se eximir de sua responsabilidade, caso o menino piorasse, dizendo que eu não havia deixado que o levassem para se tratar.

A partir desse momento, procurei fazer com que os dias fossem especiais para meu bebê e aproveitar cada instante com ele. Quando lia para ele, ficava caladinho ouvindo, e em uma ocasião acendi uma vela, procurei um versículo da Bíblia sobre a fé, li para ele e disse, ainda, estas palavras que saíram de meu coração: "Meu pequeno Emmanuel, você ainda é muito pequenininho, mas precisa saber que, acima de qualquer coisa, sua mamãe o ama. Você é o sol da minha vida, e Deus, em sua grandeza, tornará a nos deixar juntos. Você precisa ter fé e manter a convicção de que assim será. Vão levá-lo a outro lugar, e eu não vou deixar de pensar em você até o dia em que o tornar a ver. Vá tranquilo com a certeza de que não está sozinho. Eu o amo, meu filho, acima de todas as coisas. E você, sendo tão pequeno, já mostrou ter condições especiais; por alguma coisa deve ser. Lembre-se, eu o amo, você me ama, nós nos amamos, conjugue sempre esse verbo". Apaguei a vela e dei-lhe um beijo e um forte abraço. Ele ria porque pensava que era uma brincadeira, e me alegrei por ele não ter consciência do que estava acontecendo realmente. Prometi a mim mesma que não choraria e que não faria um drama na despedida, para que pelo menos para ele fosse tudo mais fácil.

Assim chegou o dia 23 de janeiro. Às 10 da manhã mandaram-no para mim já de banho tomado e vestindo uma roupa nova: jeans e camiseta. Estava descalço, e eu não tinha sapatos para pôr nele. Passamos juntos o dia todo até o entardecer, quando um dos guardas foi buscá-lo. Eu já havia me despedido a sós dele, e então o fiz de novo, com tranquilidade, como se fosse um dia normal, para evitar que ele percebesse que aquilo era uma verdadeira despedida. Naquela época meu bebê estava muito lindo; tinha cabelo claro, como eu quando era menina. Eu o havia cortado dias antes e guardei uma mecha em uma caixinha que ainda conservo. Antes de entregá-lo ao guerrilheiro, abracei-o com todo meu carinho, para senti-lo perto, e dei-lhe minha bênção, encomendando-o de novo a Deus.

A lancha chegou naquela noite, e só ouvi o barulho do motor que se afastava. Nela ia meu filho Emmanuel, com apenas 8 meses, para um destino desconhecido, pelo menos para mim.

Ao amanhecer do dia seguinte, todos – e não só eu – sentimos logo sua ausência. Ele era como o despertador do acampamento, porque era o primeiro a abrir os olhos, e todos o ouvíamos balbuciar em voz alta. O vazio que deixou com sua partida foi enorme.

Caí em um estado de melancolia e tristeza como nunca antes em minha vida havia sentido. Passava o dia sozinha, sem vontade de conversar com ninguém, e a duras penas conseguia comer alguma coisa. Certa manhã, comecei a arrumar minha bagagem, porque se aproximava a hora de nos transferirem de novo para outro lugar. Eu estava com uma tesoura na mão para remendar alguma peça de roupa, quando uma companheira se aproximou para falar comigo, e ao ver-me com aquilo na mão, não sei o que deve ter pensado. O caso é que pouco tempo depois foram tirar a tesoura de mim – e bastante falta me fez depois. Devem ter pensado que eu tentaria suicídio, coisa que, na realidade, jamais me passou pela cabeça, em momento algum. Por mais triste que estivesse, sempre pensei que tinha de continuar viva por meu filho.

Capítulo 24

A espera

No início de fevereiro mudamos outra vez de lugar, e para mim começou uma nova etapa profundamente triste do cativeiro. O acampamento ao qual haviam nos levado era frio, desagradável e estava cheio de barro. Também havia comandantes novos, que se apresentaram como *45* e *Boris*. Quando lhes perguntei por meu filho, disseram-me que nunca o haviam visto e que não tinham notícia nenhuma de seu paradeiro. Aquilo me desconcertou. Até então, os comandantes pelo menos conheciam o menino, e isso tornava a situação mais manipulável e suportável. Mas esses quase nem haviam ouvido falar nele.

Poucos dias depois deram três rádios aos cativos. Havia dois grandes, novos, que o grupo todo dividiria, e a mim, imagino que para tentar aliviar a tristeza em que havia mergulhado, deram um pequeno, usado. Tinha ondas curtas, e embora não captasse o sinal tão bem quanto os outros dois, ajudou-me muito a melhorar minha situação, que continuava sendo muito precária. Minha roupa continuava reduzida ao mínimo, uma muda para o dia e outra para dormir.

Ainda não havia conseguido que me dessem nem baralho, nem xadrez, nem nenhum outro jogo de tabuleiro para passar um pouco o tempo. Para isso, eu só contava com o Novo Testamento e um livro pequeno sobre a evolução do ser humano que um dos militares me oferecera de presente. Também não haviam mandado mais cadernos, nem mais linha, e os que eu tinha já haviam acabado, de modo que não me restava nem o consolo de escrever ou costurar. Com os outros colegas de cativeiro eu mantinha uma relação bastante fria, não tinha um relacionamento especial com nenhum deles; e estando tão desanimada, também não tinha vontade de fazer o esforço de me aproximar deles. Limitava-me a cumprimentá-los com cordialidade de manhã e nas refeições, mas pouco mais que isso. Preferia manter essa distância para evitar criar mais problemas aos derivados do cativeiro. E assim se manteriam as coisas durante o resto do tempo, discutindo algumas vezes quando tivemos alguma diferença.

Naquele acampamento a umidade era muito intensa por causa da proximidade de um rio. Cada vez que chovia, tudo se enchia de barro. Eu dormia em uma rede e, para evitar que a água das chuvas se acumulasse, havia feito uma espécie de canais ao redor de minha *caleta*, de modo que o lugar não viraria um pântano. Eu havia remendado a barraca com um pouco de linha que ainda tinha, para que durasse um pouco mais, pois estava toda carcomida pelas formigas rasteiras que haviam me assaltado tempos atrás. Pedi ao comandante que por favor nos arranjasse uma lona para fechar um pouco a *caleta* e ficarmos mais protegidos, porque com o vento e o frio ficaríamos doentes dos pulmões e dos rins. Isso porque naquela época já estávamos todos recuperados dos problemas de saúde que havíamos tido, como febre ou malária, que são tão frequentes na selva, e só sofríamos de algum problema digestivo que passava com alka-seltzer. Eu procurava caminhar todos os dias, uma hora de manhã e mais uma à tarde, mas, apesar disso, sempre sentia frio por causa da umidade que entrava nos ossos.

Houve um dia em que a grande novidade foi a chegada de novas provisões. Começaram a nos dar uma bebida com maisena ou aveia com a refeição, e como vi que também havia leite em pó, pedi ao comandante que – já que não me davam leite, que tão bem me faria para restabelecer o cálcio dos ossos após o parto – pelo menos permitisse que preparassem arroz-doce para todos. Ele nem tinha ideia do que era aquilo; o pobrezinho não deve ter tido uma mãe que lhe preparasse, de modo que lhe passei a receita, e apesar de faltar metade dos ingredientes prepararam-no em mais de uma ocasião, umas vezes adoçado com açúcar branco e outras com açúcar mascavo. Minha mãe sempre preparava essa sobremesa no Ano-Novo, e naquela época, que estava com mastite aguda, o simples fato de comê-lo, mesmo que não fosse tão bom quanto o dela, fazia com que me sentisse mais perto dela.

Em 23 de fevereiro completei três anos de cativeiro, e nesse dia ouvi minha mãe pelo rádio. Causou-me uma enorme emoção ouvir sua voz entrecortada, contando que estava cuidando das árvores de frutas que eu havia semeado em nossa chácara no mês anterior ao sequestro. Aquilo me surpreendeu, porque justamente nesses dias estivera trabalhando a terra com uma enxada; era como se tivesse necessidade de voltar às minhas raízes, de modo que essa mensagem de minha mãe chegou especialmente a meu coração; senti uma conexão muito forte com ela. Leram na rádio, também, uma reportagem sobre ela, que um jornal acabara de publicar. Contei ao comandante *Boris*, que era o segundo naquele comando e que acompanhava os guardas. Algumas vezes, quando o via, ele se aproximava para que eu comentasse as notícias, mas aproximar-se é um modo de dizer, porque a distância normal mínima entre os guerrilheiros que nos vigiavam e os cativos era de uns 8 metros. Era algo que me aliviava, dividir com ele as notícias que transmitiam sobre minha família e falar da angústia que me causava ouvir que estavam sofrendo por minha ausência. Ele não me respondia, mas pelo menos ouvia com interesse. Uma vez, quando lhe pedi um jornal, começou a rir, porque eles não entendiam que para nós, ou pelo menos para mim, fosse tão importante ler as notícias. Ouvir alguma coisa não é o mesmo que ler, mas para os guerrilheiros era completamente trivial. Contudo, poucos dias depois me levou duas revistas colombianas de grande circulação, *Cambio* e *Semana*. Eram um pouco antigas, mas não me importava, e as li inteiras; eu gostava porque tratavam de todos os assuntos, de atualidade política a culinária, passando por saúde, economia... Em abril a Rádio Caracol começou a transmitir um programa novo, *Hora 20*, às 8 da noite. Eu adorava ouvi-lo, porque me mantinha atualizada sobre o que ocorria no mundo, fora daquela selva. Além do mais, eu conhecia muitas das pessoas convidadas do programa, e era uma maneira de estar em contato com a civilização. Lembro que me entristeceu muito saber da morte do papa João Paulo II; fui tomada por um imenso pesar, que se somou ao que já sentia.

De repente, decidiram nos transferir de novo de acampamento e nos levaram para outro que ficava a menos de quatro horas a pé. Qual não foi nossa surpresa ao chegar ali e ver que o comandante havia mandado construir uma espécie de jaula enorme, de uns 30 metros de largura por 55 de comprimento, fechada com uma malha de arame farpado e vigiada por duas guaritas de 2 metros de altura. Trancaram todos os cativos ali dentro. Era como estar em uma prisão de segurança máxima. Até o barracão de madeira onde dormíamos tinha arame farpado por dentro e o corredor que atravessávamos para ir ao banheiro. Os espinhos nos cercavam por todos os lados, e eu tinha medo de que, se aquilo caísse ou se acontecesse uma inundação, ficássemos todos cravados.

Os militares e policiais, porém, acharam esse alojamento perfeito, porque, por estarmos dentro daquela jaula enorme, retiraram as correntes que tinham no pescoço. E não nos restou opção a não ser nos sacrificarmos, porque, como dizia o comandante, era a única alternativa possível. Era um lugar muito reduzido e estreito para caminhar e até para dormir, e tivemos de passar mais de ano e meio ali, porque nos mantiveram nesse lugar até final de 2006. Ali soubemos, no final de 2005, do assassinato do marido de uma das sequestradas[1], que ficou arrasada, o que causou a todos nós uma profunda dor. Eu tinha uma camiseta preta e lhe ofereci de presente para que se vestisse de luto. Também ali recebi, em maio de 2006, a notícia de que minha mãe, minha família e o país estavam sabendo que eu tivera um filho em cativeiro. Foi um período extremamente triste e monótono que eu resumiria como de espera, porque eu estava sempre esperando alguma coisa sobre o paradeiro de Emmanuel, de quem não tornara a ter notícias. Também acompanhávamos de perto, dentro de nossas possibilidades, as iniciativas do governo para tentar nos libertar e a evolução do chamado Acordo Humanitário[2], cujas negociações se atravancariam diversas vezes.

Por outro lado, aquele acampamento era tão hostil, com aquela jaula de arame farpado, que contribuiu para novas tensões entre os cativos. De qualquer maneira, fomos superando-as e nunca chegaram a passar dos limites; mas em algumas ocasiões alguns homens se pegaram a socos e os guerrilheiros os castigaram, acorrentando-os outra vez por alguns dias.

---

1. O marido de Gloria Polanco de Lozada, que havia sido sequestrada em 2001 com dois de seus filhos, foi assassinado pelas Farc em 3 de dezembro em 2005 em uma emboscada, quando pagaria parte do resgate que haviam lhe exigido por seus filhos. (N. do E.)

2. Esse Acordo Humanitário pretende conseguir a libertação de sequestrados, dos denominados *permutáveis*, que chegaram a ser cerca de sessenta, a maioria políticos, em troca de guerrilheiros das Farc presos. Para negociarem esse acordo, as Farc exigiram que o governo criasse uma área neutra para que delegados de ambas as partes negociassem, mas o presidente Álvaro Uribe se opôs a isso. (N. do E.)

Em final de novembro de 2006 tiraram-nos daquele acampamento. Senti um enorme alívio ao sair daquela jaula, ao contrário dos militares e policiais, que tornaram a ser acorrentados. Ficamos duas semanas caminhando pela selva, e achei maravilhoso estar de novo em um espaço aberto – mesmo que fosse a selva fechada – onde pudesse me movimentar com certa liberdade.

Pouco tempo depois, tornaram a nos levar ao acampamento da jaula, e ali passamos o Natal mais triste que recordo. Os helicópteros passavam cada vez mais perto, voando ao redor de onde estávamos, e de novo a tensão se fez muito forte, até que no final de dezembro nos transferiram para outro lugar.

Capítulo 25

Rumores de liberdade

No novo acampamento, onde passaríamos o ano todo de 2007, construíram uma grande cobertura de palmeira, sem paredes e com piso de barro. Em volta, instalaram um corredor de madeira para circulação, e por não ter portas nem paredes, não nos sentíamos tão amontoados, algo que me aliviava. Os militares e soldados, porém, continuavam sofrendo com as correntes no pescoço e inclusive colocaram-nas também nos cativos civis, porque havíamos ouvido pelo rádio acerca de uma tentativa de resgate que acabara com a fuga de outro policial que havia fugido em outro acampamento. Os comandantes, então, redobraram as medidas de segurança e chegaram a ameaçar acorrentar as mulheres também.

Trouxeram o sanitário do acampamento anterior, o que foi um grande alívio, e prepararam um local aberto para que tomássemos banho. Aquilo era como um camping, mas as chuvas eram fortes e estávamos quase ao relento. Tive leishmaniose em um pé e tiveram de me aplicar mais de trinta injeções para que a ferida cicatrizasse.

Eu não parava de pensar em meu filho Emmanuel, de quem continuava sem ter notícias, e rezava a Deus sem parar para que estivesse bem. Em abril era Semana Santa, e coincidia com seu terceiro aniversário. Tive um ataque de desespero por estar separada dele durante tanto tempo. Estava em minha rede e comecei a gritar sem parar, pelo menos durante vinte minutos seguidos: "Tirem-me daqui, tirem-me daqui, tirem-me daqui!". Meus gritos devem ter sido ouvidos a uns 2 quilômetros ao redor. Todos ficaram em silêncio, e alguém pediu que me acalmasse. Fiquei transpirando por causa do esforço, com a camiseta encharcada, um calafrio que me percorreu o corpo e uma desoladora sensação de estar completamente abandonada. Mas a coisa ficou por isso mesmo.

No dia seguinte iniciei meu jejum semestral de nove dias que dedicava à Virgem. Na época, eu não suportava nem minha alma, e estava absolutamente arrasada por não ter tido nenhuma notícia de meu filho em tanto tempo. Havia mais de dois anos não sabia dele, e aquilo era mais do que eu podia suportar. Acho que era já maio quando ouvimos pelo rádio que o subintendente de polícia Frank Pinchao[1] fugira. Era um dos uniformizados que ficaram conosco em um acampamento anterior, mas eu quase não me lembrava dele e não tinha a imagem de seu rosto em mente. Estava sendo entrevistado na emissora de rádio, sobre o sequestro, quando de repente o ouvi dizer: "Clara teve um filho em cativeiro e se chama Emmanuel".

Graças a essa notícia minha mãe começou, com o apoio dos meios de comunicação, uma campanha por rádio e televisão para exigir minha libertação e em especial a de meu filho. Eu a ouvia, claro que só por rádio; era uma mensagem breve, e ouvi-la quase todos os dias me enchia de

1. Frank Pinchao passou nove anos sequestrado pelas Farc até que conseguiu fugir, em 27 de abril de 2007. Após fugir, divulgou muitas das condições de seu cativeiro nas mãos da guerrilha. Foi ele quem confirmou os rumores de que Clara Rojas tivera um filho na selva em 2004, contou que se chamava Emmanuel, que tinha um problema de nascença no braço, e revelou que o menino havia sido separado da mãe dois anos antes, notícia que causou uma grande comoção. (N. do E.)

uma força renovadora e me ajudou a recuperar o ânimo que havia quase completamente perdido. Também consegui ouvir alguns fragmentos da carta que escrevera a meu filho Emmanuel, e que lera na rádio:

CARTA A MEU NETO EMMANUEL

Bogotá, 24 de maio de 2007.

Meu querido netinho Emmanuel. Você, meu querido menino, com seus 3 anos mal completados, que acaba de sair da casca, com seu nível de consciência não pode medir a realidade; tem um entorno que poderia ser muito amplo, mas que é muito limitado porque não pode sair, não lhe permitem passear; ao dar seus passinhos ainda inseguros, não pode calcular a quantidade de riscos que enfrenta. Que precisa de sua mãezinha para que ela, com todo seu amor, não só o proteja como também lhe dê a mão e o erga no momento em que tropeçar, no momento em que cair. Que o guie para que seu caminho não seja tão temeroso e perigoso. E assim livrá-lo de tantos riscos dos quais crianças como você não estão isentas. Mas disseram-nos que ela não está a seu lado. É verdade? Será possível que ela não o possa proteger? Que ela não possa cuidar de você?

Que ela não possa lhe dar seu carinho como toda mãe pode e deveria fazer? Que a mantenham isolada? E separaram você dela? Como é possível isso? Há alguma razão para fazê-lo sofrer, fazer sua mãe sofrer? Fazem sofrer também a mim, sua avó.

Sei que você é muito bonito, que você é muito querido, que a sua maneira querem protegê-lo. Em sua idade todas as crianças são muito graciosas; você está começando a experimentar o mundo, a conhecê-lo, a tentar se situar. Por isso mesmo é que corre tantos perigos Quanto gostaria de protegê-lo! Quanto gostaria de mimá-lo! Quanto daria por vê-lo! Quanto daria por tê-lo em meus braços!

Sinto uma saudade infinita. Lembro quando sua mãe tinha sua idade. Com seus 3 anos era tão graciosa, tinha um sorriso que encantava; são esses os momentos que nunca poderei esquecer, seu cândido sorriso sempre me acompanhará para continuar recordando-a; suas bochechas rosadas cheinhas, tão macias, tão adoráveis. Recordo-a com seus pequenos cachos dourados e imagino a você, meu adorado Emmanuel. Imagino-o tão parecido com sua bela mãe, que desde pequenina significou tanta alegria, tanta felicidade para mim, tanta felicidade para o pai dela; que depois de quatro homens tínhamos o mais maravilhoso prêmio, que Deus nos cumulava com a chegada a nosso lar de nossa adorada filha, a quem batizamos com o nome de Clara Leticia, que significa em latim *pura alegria*.

Esse nome foi escolhido por meu pai, talvez porque eu também signifiquei para meus pais tanta alegria como a que sentimos quando você nasceu, filha adorada. Por isso temos o mesmo nome.

Os tempos precisam mudar! Como precisam mudar tantas situações... Quanto quero enfim vê-los e abraçá-los fortemente, tê-los muito perto de meu coração!

Queremos sua liberdade, queremos... Será possível?

QUEREMOS QUE SEJAM LIVRES!

Querido Emmanuel, um dia você crescerá e poderá ler estas linhas; espero que não seja tarde para mim e que você tenha conseguido seguir em frente. Mas, principalmente, que possa tirar uma lição útil, que hoje a vida nos dá. Com todo meu amor,

Sua avozinha, Clara.

No final da carta, anunciavam de novo um e-mail para quem quisesse se juntar à campanha por nossa libertação. Meus companheiros estavam aterrorizados, tinham medo de que o Exército fizesse uma operação de resgate. Não faziam nenhum comentário, era como se não houvessem escutado nada de tudo aquilo. Naquela época, soubemos ainda pelo rádio da tragédia dos deputados do Vale do Cauca[2], notícia que caiu como uma bomba em nosso acampamento e aumentou nosso medo de acabarmos também daquela maneira, vítimas de um ataque de pânico dos guerrilheiros.

Durante julho, ouvi em mais de uma ocasião o presidente[3] pedir às Farc que libertassem a mim e a meu filho. E cada vez que ouvia isso, sua voz forte e decidida, minha alma voltava ao corpo, e eu me sentia finalmente respaldada. Um novo otimismo começou a vagar por meu coração, e meus dias começaram a mudar. Eu não comentava

2. Onze dos doze deputados do Vale do Cauca sequestrados pelas Farc em 2002 morreram em junho de 2007 em um tiroteio desencadeado no acampamento onde estavam detidos. No início, a guerrilha afirmou que havia sido uma operação militar, mas mais tarde acabou reconhecendo que se devera a uma falha de segurança. Informação encontrada posteriormente revelou que os guerrilheiros haviam sido crivados a balas. O único sobrevivente, Sigifredo López, foi libertado em 5 de fevereiro de 2009 e confirmou essa versão. (N. do E.)

3. Álvaro Uribe. (N. do E.)

nada com ninguém, mas comecei a acalentar a ideia de que talvez o fim do sequestro estivesse se aproximando. O governo havia libertado pouco antes um guerrilheiro[4], a pedido do presidente francês[5], como gesto unilateral para propiciar um Acordo Humanitário, e também havia libertado duas centenas de guerrilheiros, entre os quais havia várias mulheres e um bebê de 2 anos. Todas essas ações me enchiam de esperança, que foi crescendo quando, alguns meses depois, efetivou-se a nomeação da senadora colombiana Piedad Córdoba e do presidente da Venezuela Hugo Chávez[6] como mediadores entre as Farc e o governo da Colômbia para facilitar o Acordo Humanitário que deveria levar à libertação de reféns. Durante esses meses, não deixei de ouvir todos os dias as notícias para acompanhar passo a passo o avanço das gestões para nossa libertação. A essa altura, eu não tinha dúvidas de que tudo levaria a nossa liberdade.

Quando chegou a festa da Virgem, em 8 de dezembro, os guerrilheiros prepararam uma comida especial para nós: uma bebida fermentada, frango assado e *natillas*. Pensei que aquilo significava alguma coisa, que não podia ser um gesto gratuito. Fui buscar uma vela, acendi-a e rezei à Virgem como nunca antes, implorando-lhe por minha liberdade e a de meu filho, pois não é em vão que a Bíblia diz: "Pedi e vos será dado, buscai e encontrareis".

Durante esses meses, joguei mais assiduamente xadrez; havia melhorado muito porque alguns dos colegas de cativeiro eram verdadei-

---

4. Rodrigo Granda, o chamado chanceler das Farc, foi detido pelas forças de segurança venezuelanas em Caracas e posteriormente preso pela polícia colombiana. Por fim o governo colombiano o libertou em 4 de junho de 2007, a pedido do presidente francês Nicolás Sarkozy, que procurava atuar como mediador no conflito colombiano para conseguir a libertação de Ingrid Betancourt, que também tem nacionalidade francesa. (N. do E.)

5. Nicolás Sarkozy. (N. do E.)

6. Graças ao fato de o governo da Colômbia ter permitido essa mediação humanitária da senadora Piedad Córdoba e do presidente Chávez, e eles terem iniciado gestões decididas para conseguir nossa libertação, é que finalmente consegui obter minha liberdade. (N. da A.)

ros estrategistas nesse jogo. Eu havia adquirido o dom da paciência, e ficar parada na frente do tabuleiro me permitia abstrair das notícias durante um período e fazia com que o tempo passasse mais rapidamente. Eu continuava, é claro, caminhando e até correndo meus quarenta e cinco minutos diários pela manhã. Recuperei o apetite e achava a comida mais apetitosa, com um sabor melhor, embora fosse a mesma de sempre. Recuperei também minha paz interior, porque algo dentro de mim me dizia que tudo daria certo. Em uma ocasião, até sonhei com meu filho, e no sonho visualizei nosso reencontro.

Capítulo 26

A caminho da liberdade

Era o entardecer de 18 de dezembro de 2007. Havíamos acabado de comer, estávamos lavando a louça e nos preparando para descansar quando alguém ligou o rádio. Um dos policiais me chamou: "Clara, escute! Estão dizendo alguma coisa de sua mãe!". Aproximei-me do aparelho a tempo de ouvir essa notícia na Rádio Caracol: "A primeira-dama da nação ligou para dona Clara de Rojas, e, por sua vez, o Alto Comissionado para a Paz entrou em contato com a filha de Consuelo González". Fiz rapidamente sinais a Consuelo para que também se aproximasse e lhe contei o que havia ouvido: "Consuelo, tudo bem para você, e para mim também. Se eles ligaram para nossas famílias, é porque vão nos libertar!". Mas ela replicou: "Ah, Clara, pare com isso...". Comecei a rir, surpresa diante de sua incredulidade, e aumentei o volume do rádio porque estavam falando justamente que as Farc haviam mandado um comunicado à agência cubana Imprensa Latina afirmando que nos libertariam, junto com meu bebê Emmanuel. Dei um pulo de alegria e disse a Consuelo: "Está vendo? Antes do Natal você vai encontrar suas filhas".

Como estava prestes a escurecer, dirigi-me rapidamente ao banheiro para aproveitar o último raio de luz que restava. Ali demorei um tempo tentando digerir o que havia acabado de ouvir. Joguei água em meu rosto como se tivesse de acordar de um sonho; eu estava tão feliz que não conseguia assimilar esse momento fantástico. Pensei que seria melhor eu me acalmar, porque os guerrilheiros ainda não haviam nos dito nem uma palavra sequer a respeito disso. Quando voltei a minha *caleta*, meus companheiros já sabiam de tudo e me perguntaram o que eu achava. Respondi que teríamos de esperar para ouvir as notícias direito e ter mais detalhes acerca do que estava acontecendo, porque os comandantes ainda não tinham nos comunicado nada.

E, depressa, fui como um raio para baixo de meu mosquiteiro. Eu continuava tentando me acalmar, mas sentia uma emoção infinita. Imaginava minha mãe recebendo essa notícia e pedi a Deus que lhe desse forças para que não acontecesse nada com ela, porque, afinal de contas, tinha mais de 75 anos, e aquilo era uma emoção muito forte. Também pensei em meu filho; procurei imaginar como seria o reencontro e também pedi a Deus que me concedesse a sabedoria necessária para enfrentá-lo.

Meus companheiros foram também para baixo de seus mosquiteiros. Todos estavam em silêncio, à espera de mais notícias. Às 8 da noite, o noticiário da rádio começou repetindo a informação que haviam fornecido antes, e dessa vez eu consegui ouvir o comunicado completo das Farc: Eles me libertariam de maneira unilateral junto com meu filho Emmanuel![1]

Eu me sentia felicíssima e comecei a chorar de emoção. Finalmente voltaria a ver meu filho. Eu tinha biscoitos waffer guardados e pensei

1. No final de novembro de 2007 o governo colombiano suspendeu a mediação humanitária da senadora Piedad Córdoba e do presidente venezuelano Hugo Chávez para conseguir a permuta de sequestrados por guerrilheiros presos. Esse gesto provocou uma crise diplomática entre ambos os países. Como gesto de desagravo a Chávez, as Farc decidiram entregar Clara Rojas, seu filho e Consuelo González. Chávez coordenou pessoalmente a operação de entrega e libertação. (N. do E.)

em conservá-los comigo para ter alguma coisa para dar a ele quando o encontrasse. Também comecei a repassar as coisas que levaria comigo, porque teria de sair dali com o mínimo necessário. Já me via abraçando minha família, e a alegria que sentia era cada vez maior. Continuei ouvindo o rádio até que, finalmente, adormeci.

No dia seguinte, acordei muito cedo, antes do amanhecer, e comecei a rezar para que tudo desse certo. Quando se fez dia, levantei-me para ir ao banheiro e no caminho encontrei Consuelo, que finalmente sorria. Perguntei-lhe: "Agora acredita, ou ainda não?" Ela começou a rir, e eu me alegrei de vê-la tão contente. Voltei a minha rede para ouvir uma emissora que estava dizendo que era 19 de dezembro de 2007. Meus companheiros haviam ligado o rádio comunitário, que estava transmitindo mensagens de familiares. Muitos mandavam cumprimentos para mim e para meu filho Emmanuel, o que me alegrou muito. Ficamos assim, colados ao rádio, até que levaram o café e fomos buscá-lo. Meus companheiros me perguntaram o que eu compraria para meu filho no Natal, e tudo aquilo me alegrou o coração e me encheu de pensamentos agradáveis. Mas não me atrevi a responder porque tinha consciência de que, embora não me dissessem nada, deviam sentir uma grande dor por não serem também libertados, de modo que me limitei a agradecer seus bons desejos.

No meio da manhã eu já havia tomado banho e haviam levado nosso almoço. Consuelo, que voltava depois de pegá-lo, perguntou se eu já havia pensado no que levaria comigo. Respondi que só o mínimo. Já havia tirado de minha mochila a barraca, a rede, a roupa que me restava, o baralho, o rádio, o Novo Testamento, que era o único livro que eu tinha, e até o couro da cobra que haviam encontrado no rio. Eu ia deixar quase tudo para os militares. Também decidi queimar os dois cadernos que havia escrito, antes que os guerrilheiros os tomassem de mim, de modo que me antecipei e acendi uma fogueira.

Chamaram-me a atenção e me mandaram apagá-la porque soltava muita fumaça, mas pelo menos eu já havia conseguido queimá-los.

Ao entardecer oferecera de presente meus poucos pertences e estava com minha bagagem pronta: uma muda para dormir, a toalha para me secar, uma rede de linha que pesava menos e um plástico para o chão. Decidi que não levaria nem o mosquiteiro, e até deixei o prato. Guardei, isso sim, um vidro pequeno de xampu que havia guardado meses antes para ocasiões especiais, um sabonetinho, a pasta de dentes e a escova. Também desenterrei um espelho e um esmalte, pensando que então os poderia necessitar. E guardei com muito cuidado um par de correias que havia tecido para minha mãe e meu filho Emmanuel, e a prova de sobrevivência que havia escrito tempos atrás. Ao terminar, aproximei-me de alguns militares e disse a eles: "Não os vejo escrevendo. Eu sugeriria que mantivessem mensagens prontas para seus familiares, mesmo que não lhes tenham dito nada. Vocês sabem como é essa gente. A qualquer momento vamos embora e vocês não têm nada pronto, e isso seria um absurdo".

Depois, passei por onde estava Consuelo e comentei: "Imagino que você já está pronta". Ela começou a rir e replicou: "Clara, lembre-se de que eles ainda não nos disseram nada". "Não se preocupe", respondi, "e peça muito a Deus para que tudo dê certo". Nessa noite, disse a mim mesma que devia fazer um esforço para dormir bem e estar descansada, porque não sabia como seriam os próximos dias. E assim fiz.

No dia seguinte já era 20 de dezembro, meu aniversário, o mais feliz em muito tempo. Eu estava radiante de alegria. Depois de ouvir as mensagens no rádio, vários companheiros foram me cumprimentar. Um até se atreveu a me perguntar a idade. Achei graça e respondi: "Acho que, a partir de hoje, vou recomeçar a contagem de anos de minha vida. Com a simples expectativa de liberdade já comecei a rejuvenescer". E como insistia em saber quantos anos eu estava completando, repliquei: "Por sorte, minhas colegas do colégio não estão aqui, pois algumas delas não gostam que eu diga a idade que tenho, já que sou das mais novas do grupo. Para mim, idade é sinônimo de maturidade". E começamos todos a rir. Um companheiro disse em tom de brincadeira, apontando para outro cativo: "Aqui está a exceção que confirma a regra".

Depois, rezamos a novena natalina com o coronel Mendieta, como fazíamos todos os anos. E, depois de acabar, vários companheiros foram até mim para transmitir as mensagens que queriam mandar a suas famílias. Foram momentos comoventes, porque todos choravam desconsolados, e eu sentia um nó na garganta ao ouvi-los. Estávamos nisso quando apareceu o comandante, chamou a Consuelo e a mim e disse: "Vocês vão agora mesmo! Peguem suas coisas, só o necessário. E saiam agora mesmo". Via-se que estava incomodado. Fui rapidamente para minha *caleta*; ainda bem que minha bagagem estava pronta. Outro militar foi me dar um beijo de despedida e entregar-me uma carta para sua mãe e seu filho. Eu a escondi. O ex-governador do Meta[2] também foi e me pediu que mandasse um olá para sua esposa, que lhe contasse os problemas de saúde que padecia, e acompanhou-me até a porta. Esse foi o último rosto dos cativos que vi; estava marcado por uma imensa dor que ele não conseguia conter, e ainda o carrego em meu coração. Quando estávamos saindo da *caleta*, vários companheiros choravam ao se despedir; outros permaneciam mudos de desespero. Era uma situação comovente, e enquanto isso o comandante gritava: "Mexam-se! Parece que não estão animadas. Mexam-se!" Consuelo saiu atrás de mim, e eu lhe perguntei

2. O ex-governador do Meta, Alan Jara, foi sequestrado pelas Farc em 15 de julho de 2001 no departamento do Meta, no centro da Colômbia. Sua saúde piorou em cativeiro, pois teve várias doenças, como a malária. Foi libertado junto com mais cativos em 3 de fevereiro de 2009 em uma ação unilateral das Farc que contou com a mediação de Piedad Córdoba. (N. do E.)

se havia conseguido arrumar sua bagagem. Ela respondeu que sim, que no dia anterior havia deixado tudo pronto.

Levaram-nos até a saída do acampamento, uma cobertura com piso cheio de serragem; via-se que era um lugar onde guardavam coisas. Havia uma máquina de cortar madeira e uns pacotes de comida para galinhas. Deixaram-nos ali o dia todo, até que no fim da tarde o comandante foi até lá e nos mandou entregar as cartas que os outros companheiros tinham nos dado. Isso me pareceu muito cruel, mas não nos restou outra opção a não ser obedecer para evitar que as tomassem à força. Pedimos, não obstante, que fizessem provas de sobrevivência dos outros cativos, porque era muito duro para suas famílias ficar sem notícias diretas deles. Mandou-nos pegar nossas mochilas e nos levou ao acampamento onde eles pernoitavam. Ali, instalamo-nos em uma *caleta*, vigiada por dois guerrilheiros. Pedimos que nos emprestassem um rádio para ouvir o noticiário. Levaram-nos a comida, e eu disse a Consuelo que rezássemos um pouco. Depois, ouvimos as notícias até que adormecemos. Ficamos naquele acampamento até o dia 22 à tarde. Ouvíamos os helicópteros sobrevoando a área, o que nos preocupava bastante, e todos os guerrilheiros estavam em estado de alerta máximo. De repente, um dos guardas disse que nos preparássemos, que partiríamos naquele instante a pé. Coloquei no ombro a mochila, que continuava pesando demais. Logo um comandante diferente foi nos buscar. Nunca o havíamos visto, e ele nos pediu que o seguíssemos. Quando estávamos saindo do acampamento, passamos em frente ao local onde estava o comandante 45, com sua mulher e um menino de cerca de 2 anos. Fiz uma saudação de despedida levantando o braço. Eu me sentia feliz porque, com a ajuda de Deus, não os tornaria a ver nunca mais. Continuei caminhando e não cheguei a ouvir o que me disseram.

A bagagem pesava tanto que todo meu braço direito adormeceu, e eu tive de parar para arrumar as alças, para ver se conseguia distribuir melhor a carga. Mas o comandante novo, que acredito que se chamava *Isidro*, apressou-me: "Clara, aperte o passo, temos de chegar à lancha antes que escureça". Reorganizei a mochila como pude e continuei caminhando a duras penas. Ia rezando, dizendo a mim mesma que nesse exato momento não podia adoecer nem me sentir mal porque estava me encaminhando para a liberdade. Mas não podia evitar o nervosismo; os helicópteros continuavam sobrevoando a área. Caminhamos por volta de uma hora a bom passo, e quando chegamos ao local onde estava a lancha em que seguiríamos viagem, já era noite. Deram a cada uma de nós, antes de sairmos, saquinhos plásticos com arroz branco, pedaços de carne e duas bananas maduras. Acomodaram-nos na lancha, sentadas juntas na parte de trás sobre uma tábua, com muito pouco espaço para esticar as pernas, porque as bagagens também tinham de caber ali. Na frente acomodaram-se o comandante *Isidro* e mais dois guerrilheiros. Deviam ser 7 horas da noite quando finalmente a lancha partiu. Não tinha cobertura, de modo que tínhamos de suportar o vento frio que açoitava nosso rosto. Cobrimos bem os sacos de comida para que não se molhassem. Eu sentia muito desconforto porque mal tinha espaço para pôr as pernas, mas repeti para mim mesma: "Estamos indo para a liberdade. Preciso manter uma atitude positiva. Ajude-me, Meu Deus".

A travessia de lancha durou até o amanhecer. Foi muito cansativa. Mais ou menos na metade do caminho, entraram três mulheres jovens e dois rapazes, todos guerrilheiros. O rio era todo nosso, não se via mais ninguém.

Durante os dez dias seguintes continuaríamos avançando, a pé e de lancha, mudando de lugar diariamente, sem receber nenhum tipo de informação acerca de como e quando nos libertariam. Só em uma ocasião permanecemos no mesmo lugar por alguns dias.

Capítulo 27

Operação Emmanuel

O comandante *Isidro*, felizmente, tinha um rádio, e durante esses dias de marcha pelo menos podíamos ouvi-lo um tempo, de madrugada e ao entardecer, e nos mantínhamos a par do que estava acontecendo em torno de nossa libertação. Soubemos que estava em andamento uma operação coordenada pelo presidente da Venezuela com a participação da Cruz Vermelha Internacional e uma delegação de vários países, encabeçada por um ex-presidente argentino[1]. Ouvimos também que havia uma enorme quantidade de jornalistas do mundo todo, e até um diretor de cinema[2], atentos para cobrir o momento de nossa libertação. Tudo aquilo me parecia incrível e me deixava um pouco aturdida.

Conforme se passavam os dias, eu começava a ficar cada vez mais preocupada porque não nos encontrávamos com meu filho. O comandante também não me dava nenhuma notícia acerca de como se desenrolariam os acontecimentos, e eu não entendia por que as Farc ainda não tinham dado as coordenadas para que a Cruz Vermelha

1. Néstor Kirchner. (N. do E.)

2. O diretor norte-americano Oliver Stone foi à Venezuela em 28 de dezembro para cobrir a libertação de Clara Rojas, que depois foi adiada. (N. do E.)

nos recolhesse. O tempo estava muito bom, ensolarado, e isso não parecia um obstáculo para que a operação se desenvolvesse. O Exército estava em nosso encalço, constantemente éramos sobrevoados por helicópteros, e isso se somava à tensão que já sentíamos. Um dia, ouvimos até ruídos que pareciam bombas e tiros; trovões não eram, porque não estava chovendo e o céu estava limpo, de modo que só podiam ser isso. Evidentemente, estávamos em uma zona de operações militares. Mas, pelo menos, eu tinha certeza de que estávamos nos aproximando da civilização, porque começamos a ver algumas casinhas na margem do rio. Era óbvio que havia algum povoado próximo, e isso me tranquilizava; estávamos saindo da selva.

Assim chegou o último dia do ano. O comandante havia mandado matar duas galinhas que lhe haviam entregado no caminho, de maneira que tínhamos almoçado bem, coisa que era de agradecer, porque havia dias comíamos só banana e peixe. Tínhamos até um pacote de leite em pó, e eu pedi a uma guerrilheira que fizesse a gentileza de preparar arroz-doce para festejar o Ano-Novo. Consuelo não gostava muito, mas pelo menos experimentou. Estávamos comendo o arroz-doce ao escurecer, quando o comandante ligou o rádio. Ao ouvir as notícias, Consuelo gritou: "Clara, suspenderam a operação!"[3] Eu ainda não havia escutado nada, e por isso respondi descontraidamente: "Isso é normal, o pessoal vai passar o dia 31 em casa e depois volta. Aqui somos todos latinos e a festa chama. Fique tranquila". E, sem prestar mais atenção, fui ao *chonto* enquanto pensava no que ela havia dito. De repente, ouvi-a me chamar de novo: "Clara, depressa! O presidente encontrou Emmanuel!" Dei meia-volta correndo e fiquei colada ao rádio, com o coração na boca, para ouvir o presidente Uribe, que estava levantando uma hipótese sobre

3. Em 30 de dezembro, as Farc anunciaram que suspenderiam temporariamente a iminente libertação dos três reféns pelas intensas operações militares do Exército colombiano na região, e os membros da comissão internacional de garantes voltaram a seus países. O presidente colombiano Álvaro Uribe acusou as Farc de mentirem e terem adiado a operação, na realidade, porque não tinham em seu poder Emmanuel, o filho de Clara Rojas. (N. do E.).

meu filho. Ao que parecia, havia mais de dois anos um menino estava sob a custódia do Instituto Colombiano de Bem-Estar Familiar (ICBF) e poderia ser meu filho[4]. Eu tremia fortemente, e meu coração pulou ao ouvir aquilo. Voltei-me para o comandante *Isidro*, que também estava ouvindo, e perguntei-lhe, gesticulando: "Mas como pode ser? Vocês não diziam que o entregariam a mim?". O homem ficou calado, impávido, como se realmente não soubesse de nada. Continuamos ouvindo as notícias, e logo depois anunciaram as palavras do presidente da Venezuela, Hugo Chávez: "Tomara, tomara que esse menino seja Emmanuel, o filho de Clara Rojas! Tomara, tomara que seja verdade!"

Agradeci enormemente suas palavras e fiquei pensando: tomara que seja verdade que meu filho já esteja em liberdade, porque assim minha mãe poderia vê-lo. Consuelo olhou para mim e me perguntou o que aconteceria. E respondi: "É mais fácil; agora só resta às Farc entregar nós duas". Mas o comandante replicou: "Espere, que ainda falta o teste de DNA".

Naquele 31 de dezembro fui dormir com a cabeça agitadíssima por conta de tudo o que ouvira, e fazendo um grande esforço para analisar tudo. Eu sentiria uma tranquilidade enorme se confirmassem, por fim, que meu filho estava nas mãos do ICBF, porque, sem dúvida, teriam cuidado muito bem dele, e para mim seria mais fácil ficar em dia com toda sua história nesses anos[5]. Eu sabia que o ICBF era uma

4. Uribe revelou que um menino entregue por um camponês dois anos antes ao ICBF correspondia à descrição feita pelo policial Frank Pinchao, que havia revelado, após fugir das mãos das Farc, que o menino tinha um problema no braço. Uribe anunciou que o bebê e os familiares de Clara Rojas seriam submetidos a testes de DNA para verificar se era Emmanuel. (N. do E.)

5. Enquanto estivemos separados, quase três anos, não tive notícia alguma de meu filho Emmanuel, até o momento em que o presidente Uribe anunciou que estivera sob a proteção do ICBF na Colômbia. Ao que parece, em 23 de janeiro de 2005 ou nos dias seguintes, a guerrilha entregou meu filho ao camponês José Crisanto Gómez, conhecido das Farc, e ele o manteve sob seus cuidados até 20 de julho desse mesmo ano, quando o levou a um centro de saúde de San José del Guaviare, porque precisava de assistência médica. Ali, justamente por ver seu precário estado de saúde, tomaram a decisão de tirar-lhe o menino para lhe prestarem os devidos cuidados médicos. Esse homem se encontra na prisão, atualmente, acusado de sequestro. De modo que meu filho esteve sob a proteção do ICBF de julho de 2005 até 13 de janeiro de 2008, quando o devolveram a mim. (N. da A.)

entidade estatal muito séria, com grande presença em todo o país e uma excelente aceitação, que fora criada décadas antes justamente para proteger e atender a crianças desamparadas. De modo que fui me deitar com a esperança de que tudo aquilo fosse verdade.

No primeiro dia de 2008 acordei muito cedo, cheia de otimismo, porque parecia que finalmente começavam a se dissipar minhas dúvidas acerca do paradeiro de meu filho. Dei graças a Deus por tudo o que estava acontecendo. Logo tornaria a ver minha família. Ligamos o rádio, que estava transmitindo música, e de repente ouvi a canção de Joan Manuel Serrat: "*Caminante, no hay camino, se hace el camino al andar, golpe a golpe, beso a beso, se hace camino al andar*"*.

Fiquei emocionada ao ouvi-la e continuei cantarolando-a em silêncio. Às 6 da manhã tocaram o hino nacional. Eu estava com a sensibilidade à flor da pele, e ao ouvi-lo senti que haviam tocado minhas entranhas. Enchi-me de júbilo, fiquei em pé e cantei o hino com solenidade. Já me sentia de volta em casa, como se estivesse voltando do exterior. Depois ouvimos as notícias, e ouvi com surpresa que, apesar de ser feriado de 1º de janeiro, vários funcionários do ICBF e da Procuradoria-Geral haviam ido a Caracas, onde minha mãe e meu irmão estavam esperando por mim[6], para fazer os testes de DNA. Era como estar num sonho. E me pareceu um gesto de generosidade enorme que funcionários estatais se deslocassem com tamanha diligência em um feriado. Pelo que disseram as notícias, o resultado do teste de DNA poderia demorar de três a dez dias. Mas qual não seria minha surpresa quando, em 4 de janeiro, fez-se público o resultado de um deles, que foi avalizado também por um laboratório espanhol.

* Caminhante, não há caminho, faz-se o caminho ao andar, golpe a golpe, beijo a beijo, faz-se caminho ao andar. (N. da T.)

6. Em razão da ação humanitária do presidente venezuelano Hugo Chávez, as Farc nos entregariam a uma missão da Cruz Vermelha Internacional em um ponto na Colômbia, mas depois seríamos transferidas para a Venezuela para sermos recebidas pelo próprio Chávez, que, por sua vez, nos entregaria a nossas famílias, que estavam nos esperando. (N. da A.)

E, segundo esse teste, o menino que estava sob a proteção do ICBF tratava-se de fato de meu filho Emmanuel. Ao ouvir aquilo, fui tomada de uma alegria enorme; eu estava em um estado de exaltação extrema, tanto que nem as longas caminhadas diárias conseguiam abater meu ânimo e minha força.

Eu me sentia muito perto de minha família, e mais ainda porque os ouvia quase todos os dias no rádio, dizendo que estavam me esperando. Mas para Consuelo era diferente; ela continuava muito preocupada porque a guerrilha não havia fornecido, ainda, as coordenadas do lugar onde nos entregariam ao presidente Chávez, e tinha medo de que acabassem não nos libertando. Ela sentia tanta angústia que chegou inclusive a pedir ao comandante que a levasse de volta ao acampamento onde haviam ficado os outros cativos. Eu não conseguia entender tanta inquietude e tentei, como pude, acalmá-la: "Consuelo, acalme-se, pense em suas filhas, que logo verá. É só uma questão de dias. Estamos tão perto da civilização que não podemos dar um passo atrás a essa altura. Por favor, pense em suas filhas e em sua netinha, a quem logo vai conhecer". Fui me deitar em minha rede e procurei rezar, pedir à Virgem pelas duas, para que nos enchesse de força e confiança e nos desse fé suficiente para ter confiança e certeza de que tudo daria certo. Roguei também a Deus que esse comandante *Isidro* não desse ouvidos ao que Consuelo pedia. Eu havia optado por ser prudente e ficar calada, à espera dos acontecimentos; tinha plena confiança de que tudo daria certo, e isso me ajudava a controlar a angústia. Estava atenta às notícias e, levada por minha formação profissional de advogada, analisava palavra por palavra para tirar conclusões. Sabia que estávamos muito perto do fim e que tínhamos de ser pacientes e não entrar em desespero.

Nos dias seguintes continuamos caminhando; devia ser por dentro de uma fazenda, porque havia barracões com barris e equipamento de agricultura. Em 9 de janeiro a marcha foi muito difícil porque atravessamos uma imensa plantação cheia de palmeiras e bananeiras. O chão estava coberto de folhas secas, e era muito difícil avançar. Havia muitas moscas que rondavam nosso rosto, e isso se transformava em uma verdadeira tortura. Eu me angustiava, ainda, pensando que podiam surgir cobras ou escorpiões. Até que por fim chegamos a um lugar onde nos disseram que nos instalássemos para passar a noite. Eu estava exausta e fiquei de mau humor ao ver que não havia nenhum lugar adequado para pendurar as redes. No chão não poderíamos dormir com tantas folhas, de modo que penduramos as redes como pudemos, uma perto da outra, e tratamos de tirar um pouco do mato do chão embaixo. Coloquei sobre a minha o mosquiteiro que o comandante havia me emprestado, mas estava muito desconfortável porque minha rede era de linha e muito estreita. Como estávamos perto de um riacho, perguntaram-nos se queríamos tomar banho, mas já estava escurecendo e de jeito nenhum eu entraria naquela água escura que devia estar cheia de aranhas e bichos. Respondi que não e fiquei em minha rede. O comandante havia posto a rede dele a uns 5 metros das nossas, e aumentou o volume do rádio para que pudéssemos ouvir. O presidente Chávez estava falando: "Acabo de receber as coordenadas! As Farc vão entregar Consuelo e Clara amanhã! O Exército da Colômbia suspenderá operações militares a partir das 5 horas da manhã, horário da Colômbia, durante dez horas".

Fiquei felicíssima em pensar que aquela seria nossa última noite em cativeiro. Estava completamente escuro, e tentei relaxar e me esforçar para descansar um pouco. Fiquei me virando na rede até que o cansaço me venceu e adormeci. Mas acordei várias vezes, porque, apesar do mosquiteiro, os pernilongos estavam me comendo viva e tinham me enchido de picadas. Não parava de repetir a mim mesma: amanhã é outro dia. Nunca poderia ter imaginado a suíte dos sonhos que me esperava na noite seguinte.

Às 5 horas da manhã eu já estava em pé e havia recolhido tudo. Pedi licença para tomar banho, para tentar tirar do corpo o suor e o cheiro de selva, pois queria estar limpa no momento da libertação, e Consuelo juntou-se a mim imediatamente. O riacho era horrível, mas durante o dia era menos ameaçador. Vesti minha roupa limpa e coloquei tudo na mochila. Não teria mais de carregar a bagagem. Ligaram o rádio, e ouvi que meu irmão Iván estava se dirigindo ao aeroporto de San José del Guaviare para se juntar aos helicópteros da Cruz Vermelha, pegar-nos na selva e nos acompanhar até a Venezuela[7]. Fiquei muito emocionada ao pensar que alguém tão querido estava indo ao meu encontro.

Ofereceram-nos alguma coisa para o café da manhã; eu não estava com fome, mas comi um pouco porque não sabíamos o que o dia nos reservava. Depois escovei os dentes e me olhei em meu espelhinho. Eu me sentia extenuada, mas estava feliz. Pensei em minha mãe: o que acharia de mim? E em meu filho, que não via fazia tanto tempo: como seria o reencontro?

O comandante designou um grupo de homens para que nos acompanhassem. Nos dias anteriores, uma dezena de guerrilheiros havia se juntado a nós. Alguns iriam conosco e outros ficariam para trás. Caminhamos por volta de uma hora até que chegamos a uma esplanada. Deviam ser umas 10 da manhã. Senti um imenso alívio ao deixar o emaranhado de árvores para trás e contemplar o céu aberto e o sol. Foi um grande acontecimento sentir seu resplendor e calor no rosto depois de anos apodrecendo no meio da selva úmida. Naquele lugar, encontramo-nos com outro grupo de uns vinte guerrilheiros.

7. No fim, meu irmão não pôde embarcar nos helicópteros da Cruz Vermelha, porque, por questões de segurança, proibiram os familiares de participar da operação de entrega. (N. da A.)

Eu me assustei ao ver tantos homens armados e vestidos com toda a indumentária militar. Muitos eram negros e indígenas, com um rosto curtido pela guerra; também havia várias mulheres, que nos ofereceram um pouco de água com limão. Estavam preparando pólvora e rojões para indicar aos helicópteros nossa localização exata. Fizeram-nos ficar perto da margem de um rio, debaixo de umas árvores, para que ficássemos à sombra, porque o sol já estava forte e estava nos queimando.

Logo ouvimos o ruído inconfundível de helicópteros. Nesse momento, senti um medo enorme porque todos os guerrilheiros prepararam as armas para atirar para o céu. Mas o comandante *Isidro* gritou: "Baixem a guarda!" Pensei que os helicópteros haviam passado direto e clamei, desesperada: "Não os deixe ir, não os deixe ir!" E saí da sombra onde estava e comecei a fazer sinais com uma lona branca. Os guerrilheiros também começaram a agitar o que tinham à mão e continuaram enviando sinais de fumaça, até que vimos os helicópteros de volta. Que alegria imensa! O comandante pediu que eu ficasse quieta até que aterrissassem.

Finalmente desceram, mas não saía ninguém deles. Eu não conseguia entender por que demoravam tanto para descer. Ao cabo de alguns minutos, que me pareceram eternos, pessoas com o uniforme da Cruz Vermelha Internacional começaram a descer. Corri para eles; não via a hora de deixar tudo aquilo para trás. E, nisso, vi a senadora colombiana Piedad Córdoba, que parecia uma estrela de cinema com seu vestido vermelho e seu turbante na cabeça. Senti uma enorme alegria ao vê-la. A seu lado havia outras pessoas, que se apresentaram a mim: o ministro do Interior venezuelano que encabeçava a missão[8] e o embaixador de Cuba na Venezuela[9]. Todos me abraçaram.

8. Ramón Rodríguez Chacín. (N. do E.)
9. Germán Sánchez. (N. do E.)

Também havia jornalistas e me perguntaram se podiam fazer fotos e gravar imagens, que seriam transmitidas para o mundo todo. Não tive opção senão aceitar.

O que eu queria era sair o quanto antes dali. De repente, vi que os membros da Cruz Vermelha faziam o comandante assinar uma ata de entrega; isso me pareceu um formalismo excessivo. Estava ansiosa para entrar no helicóptero e deixar a selva para trás. Havia muitos guerrilheiros, e eu não me sentia tranquila. De repente, o ministro venezuelano me passou um telefone via satélite; era ninguém menos que o presidente Chávez que queria me cumprimentar. Ele também estava muito emocionado, e a primeira coisa que fiz foi agradecer-lhe de coração todo seu empenho. Passei o telefone a Consuelo também e vi que o ministro estava oferecendo latas de refrigerante aos guerrilheiros. Senti uma angústia enorme vendo que não estávamos indo embora. Algumas das guerrilheiras que havíamos encontrado nesse lugar foram se despedir de nós. Consuelo deu um abraço nelas, e quando me dei conta, já estavam praticamente em cima de mim, e tive de fazer o mesmo. Depois, teria de ouvir todo tipo de comentário sobre essa despedida: se tínhamos síndrome de Estocolmo etc. Mas disse a mim mesma que a gentileza não diminui a valentia. Estávamos a caminho da liberdade e não perdíamos nada sendo gentis, principalmente tendo em conta que vários companheiros ainda estavam cativos.

Finalmente pude entrar no helicóptero, onde nos ofereceram roupa para que nos trocássemos e água para nos lavarmos, algo que fiz logo e de bom grado. Depois, os outros passageiros se acomodaram. Conosco viajavam Piedad Córdoba, o ministro venezuelano com sua esposa, dois delegados suíços da Cruz Vermelha Internacional, duas enfermeiras e a tripulação. Quando por fim fecharam a porta e o helicóptero subiu, eu me senti completamente livre. Que felicidade! Estávamos todos muito emocionados; fiquei impressionada com o tratamento caloroso que recebi do ministro venezuelano e como ele lidou bem com toda a situação. Via-se que estava começando a relaxar; ele também respirava aliviado, porque já estava nos levando sãs e salvas de volta para casa.

Na metade do voo, um membro da tripulação foi até mim e colocou fones de ouvido para que eu escutasse, como boas-vindas, a canção que estava na moda, do colombiano Jorge Celedón: "*Ay, qué bonita que es la vida...*"

O trajeto foi muito emocionante; eu olhava a linda paisagem pela janela, vendo a selva onde havia passado aqueles seis anos ficando para trás, e nos aproximando da planície. Voaríamos por volta de uma hora e meia, ou quem sabe duas, até a fronteira entre Colômbia e Venezuela, até um lugar que se chamava Santo Domingo, no estado de Táchira, já na Venezuela.

Quando aterrissamos, encontramos o aeroporto cheio de jornalistas. Na mesma pista passamos para um avião, que me pareceu a aeronave presidencial; de qualquer maneira, era muito confortável. Os membros da Cruz Vermelha Internacional não nos acompanharam, e juntou-se a nós o embaixador cubano na Venezuela, uma pessoa muito gentil e com vontade de me perguntar tudo. Procurei responder-lhe cordialmente, mas minha mente estava com minha família e quase nem me lembro do que falamos. Quando estávamos quase chegando, Piedad teve um gesto muito feminino e me emprestou sua bolsa de maquiagem para que me ajeitasse, o que me pareceu muito oportuno e aceitei sem hesitar.

Capítulo 28

O reencontro

O avião aterrissou e logo vi, pela janela, que a pista do aeroporto de Maiquetía, próximo a Caracas, estava cheia de gente. Uma multidão de jornalistas estava amontoada em volta da escadinha da aeronave. Eu continuava olhando ansiosa para ver quem se encontrava ali e, por fim, ao longe, distingui minha mãe, que se aproximava caminhando lentamente. Fui umas das últimas a descer, e quando pisei na pista, vi que minha sobrinha María Camila, a filha mais velha de meu irmão Iván, estava entre os jornalistas. Foi difícil reconhecê-la porque estava muito grande e linda. Quando me sequestraram, ela era uma menina de apenas 11 anos, e agora já tinha 17. Ela me abraçou e me acompanhou até onde estava minha mãe. Surpreendeu-me ver que caminhava tão devagar, ajudada por um andador. Seu rosto refletia um grande esgotamento, mas senti uma imensa alegria ao vê-la, viva e em pé. Enquanto me aproximava dela pensava que esse momento era uma bênção enorme. Quando fiquei em frente a ela, pegou meu rosto com suas mãos, como costumava fazer quando eu era menina. Olhou-me fixamente, seus olhos brilhavam e por fim me abraçou e deu as boas-vindas. Várias vezes durante o sequestro haviam informado a ela que eu havia morrido, mas ela sempre se negara a acreditar e nunca perdera a esperança de me ver de novo viva.

De mãos dadas, dirigimo-nos à sala que haviam preparado para nós. Na entrada, minha sobrinha me passou seu celular porque estavam ligando da Rádio Caracol. Senti uma emoção enorme de pensar que, embora acabasse de chegar à Venezuela, meus compatriotas estavam tão ligados em mim quanto eu neles. Cumprimentaram-me muito carinhosamente e me perguntaram como me sentia. Foram momentos de grande emoção. O chanceler venezuelano[1] aproximou-se de mim, junto com outros oficiais, e fiquei conversando com eles. Apesar de o clima em Caracas estar quente, eu sentia frio. Tomei um café que me ofereceram e disseram-nos que tínhamos de partir para o Palácio de Miraflores para encontrarmos o presidente Chávez.

Entramos nos carros, que eram muitos, e avançamos todos em uma longa caravana. Pelo caminho pudemos ver inúmeras pessoas pela rua com cartazes de boas-vindas. Já estava começando a escurecer quando chegamos a Miraflores. Desci do carro, e o próprio presidente me deu um forte abraço e me convidou a avançar pelo tapete vermelho que haviam colocado para nos receber, com a guarda de honra em formação. Lá dentro, esperavam-nos vários familiares de Consuelo e meus, além de Piedad Córdoba. Eu continuava muito emocionada, e com as mãos geladas; minha mãe e minha sobrinha as seguraram e me deram outro café bem quente. O presidente nos deu as boas-vindas, e minha mãe e eu lhe agradecemos efusivamente a bem-sucedida atuação. Não tínhamos palavras para expressar a imensa gratidão que sentíamos. Ele sabia que o que mais queríamos naquele momento era descansar e ficar com nossas famílias, de modo que a reunião foi breve. Ao terminar, os jornalistas entraram de novo para fazer algumas fotos, e nos despedimos de Chávez, agradecendo-lhe de novo.

1. Nicolás Maduro. (N. do E.)

Levaram-nos a um hotel muito bonito e me parecia que estava vivendo um sonho. Deram-nos uma suíte espetacular, e nesse momento chegou meu irmão Iván, que me deu um forte abraço. Perguntaram-me o que desejava fazer, e eu disse que, naturalmente, tomar um banho bem quente e falar com meu filho. Meu irmão se encarregou de fazer a ligação enquanto eu tomava banho. Fiquei um bom tempo embaixo d'água porque haviam sido muitas emoções juntas, e eu precisava relaxar. Encontrei à minha disposição vários tipos de xampu, sabonete e creme. Acho que experimentei todos, até um perfume que caía como uma luva; devo ter virado meio vidro em mim. No banheiro havia um enorme espelho de parede. Pus-me em frente a ele para me olhar, embora ficasse aterrorizada por me ver pela primeira vez em tantos anos de corpo inteiro. Estava nua, e percorri meu corpo com o olhar; vi a cicatriz da cesariana, meu rosto cansado, com algumas rugas surgindo na testa. Mas estava inteira, sã e salva, e dei graças a Deus por isso. Finalmente saí do banheiro de roupão e pantufas, que eram a coisa mais confortável que havia calçado em anos, e vesti a roupa nova que haviam preparado para mim; até sapatos e meias. Minha mãe me mostrou uma mala cheia de coisas para Emmanuel: roupas, toalhas, artigos de higiene infantil e brinquedos, vários deles enviados pelo governo venezuelano, inclusive um carro de controle remoto. No quarto havia vários buquês de flores. Reparei de novo na suíte, que era muito luxuosa, e com surpresa vi que havia até um menu com diferentes tipos de travesseiro. Meu irmão me passou o telefone para que falasse com Elvira Forero, diretora do Instituto Colombiano de Bem-Estar Familiar, uma mulher muito gentil que me informou detalhadamente sobre o estado de meu filho. Advertiu-me que seria ideal que o menino não ficasse exposto a toda essa loucura dos meios de comunicação, algo com que eu concordava. Mas lhe pedi, de qualquer maneira, que, até que eu chegasse para buscá-lo, lhe permitissem acompanhar pela televisão tudo o que estava acontecendo, e combinamos de tornar a nos falar no dia seguinte. Senti uma enorme alegria ao falar com ela; sentia-a como se fosse minha irmã. Estava tão a par da situação de meu filho que me infundiu muita tranquilidade.

Para o jantar, pedimos que nos levassem algo leve: caldo de frango, salada de frutas e sorvete, que eu tinha vontade de comer. Quando havíamos terminado, ligou a primeira-dama colombiana, Lina Moreno de Uribe, que primeiro felicitou a minha mãe, depois a mim, e foi muito gentil. Dez minutos depois ligou o presidente Uribe, muito cordial, mas o achei meio desanimado. Disse-lhe que era o momento de estarmos todos felizes, e notei que ficou mais tranquilo. Agradeci o gesto de ambos.

Minha família e eu decidimos fazer o esforço de descansar um pouco. Deitei-me na cama, que era imensa, e que prazer enorme sentir os lençóis limpos sobre minha pele e travesseiros tão macios! Era algo fantástico. Nada que ver com os lugares onde havia dormido na noite anterior e nos últimos seis anos. Adormeci logo, mas acordei às 2 da madrugada. Levantei-me e olhei pela janela; estávamos em um andar muito alto, acho que era o 15º. Viam-se todas as luzes da cidade. Liguei a televisão e vi desenhos animados, pensando em meu filho. Também folheei os jornais. Em um jornal da Venezuela aparecia uma foto de Emmanuel, e também na revista colombiana *Semana*. Era a primeira imagem dele que eu via; estava tão mudado e tão maior... quando nos separaram, tinha apenas 8 meses e agora já era um menino de quase 4 anos. Impressionou-me ver a luz em seus olhos. Dei uma olhada em outros jornais até que começou a amanhecer e fui descansar um pouco mais. Às 9h30 minha mãe me acordou para me passar uma ligação da rádio colombiana W-Radio, e conversei mais de meia hora com eles.

Quando terminei, fui me arrumar e pedi que ligassem para a diretora do ICBF para ver se eu podia falar com meu filho. Enquanto isso, levaram-nos café da manhã; chegaram meu irmão e minha sobrinha, e com eles começamos a organizar um pouco o que faríamos nos dias seguintes. Mais tarde um funcionário do governo venezuelano foi até ali para coordenar nossas atividades e comentou que havia muito interesse em que déssemos uma entrevista coletiva. Pôs a nossa disposição seus serviços médicos e nos transmitiu o convite do presidente Chávez para que saíssemos da cidade para descansar por um mês. Agradecemos sua enorme generosidade e ficamos de pensar e lhe dar uma resposta mais tarde.

Nesse momento eu tinha duas preocupações fundamentais: reencontrar meu filho o quanto antes e fazer o *checkup*. De fato, nessa mesma tarde passei pelos primeiros exames, feitos por médicos cubanos. Examinaram meus olhos, porque eu precisava de óculos, que logo ficaram prontos.

No dia seguinte, sábado, 12 de janeiro, levantei-me cedo e me colheram várias amostras de sangue no hotel. Depois, com minha mãe, dirigi-me a um hospital para fazer outros exames. Ficamos ali quase até as 2 da tarde, quando voltamos ao hotel para almoçar com meu irmão e minha sobrinha. Ele me confirmou que, assim que quiséssemos, o governo da Colômbia mandaria um avião para nos levar de volta para casa. Eu disse a ele que queria me encontrar com meu filho o quanto antes. No fim da tarde, recebemos a visita da embaixadora argentina, e ela me convidou para ir a seu país. Depois, concedi uma entrevista exclusiva para o canal venezuelano Telesur. E nessa mesma noite foi a coletiva de imprensa. A sala estava cheia; fiquei impressionada de ver a quantidade de jornalistas do mundo todo. Minha mãe e meu irmão me acompanharam na mesa. A primeira coisa que fiz foi agradecer a todos os meios de comunicação pela cobertura que fizeram de meu sequestro e pela imensa solidariedade. Depois, fui respondendo pouco a pouco a todas as perguntas que me fizeram. Chamou-me a atenção o calor daquelas pessoas. Reinava um ambiente extraordinário. Havia muito interesse em saber como eu estava e como haviam ficado os outros cativos. Quando a coletiva de imprensa acabou, os médicos estavam nos esperando no hotel para nos entregar o resultado dos exames preliminares que tinham feito e que mostravam que nossa condição de saúde era aceitável. Tínhamos de nos submeter a outros exames, mas decidimos fazer isso na Colômbia para poder viajar no dia seguinte.

No domingo, 13 de janeiro, levantamo-nos muito cedo. Eu não conseguia parar de pensar em meu filho e assisti a desenhos animados na TV. Descemos até o *lobby* do hotel e ali nos despedimos de várias pessoas que foram até lá expressamente para nos cumprimentar. Um grupo de jornalistas nos acompanhou ao aeroporto; ao chegarmos lá, o avião da força aérea colombiana estava pronto e nos despedimos das autoridades venezuelanas. Às 11 horas da manhã partimos rumo à Colômbia. Conosco, além da tripulação, estavam dois funcionários do gabinete do Alto Comissionado para a Paz que estiveram à minha disposição desde que chegara; eram um homem e uma mulher, jovens e responsáveis, cuja diligência e cuidado me causaram muito boa impressão.

Quando atingimos território colombiano, o capitão tocou o hino nacional; foi uma viagem muito especial e emocionante, assim como a chegada a Bogotá. Entraram no avião, para me recepcionar, o ministro da Defesa, Juan Manuel Santos, e o comissionado para a Paz, Luis Carlos Restrepo. Quando desci da aeronave, fiquei diante de um atril preparado com um microfone e a bandeira da Colômbia. Havia centenas de jornalistas, registrando cada momento. Foram feitas breves perguntas e depois nos levaram à sala VIP, onde nos esperavam a primeira-dama colombiana, o prefeito de Bogotá, Samuel Moreno, e sua esposa, o ministro da Proteção Social, Diego Palacio, o defensor de Menores de San José del Guaviare e a diretora do Instituto Colombiano de Bem-Estar Familiar com outras funcionárias dessa instituição. Estavam também meus outros irmãos, uma de minhas cunhadas e minha sobrinha mais nova. Foi um momento imensamente emocionante. Estávamos todos com lágrimas nos olhos. O defensor de menores me explicou a situação de meu filho e o resultado do teste de DNA, que confirmava plenamente que o menino que o ICBF mantivera sob sua proteção e cuidado era Emmanuel.

Do aeroporto, dirigimo-nos diretamente ao lar infantil, no noroeste de Bogotá, onde se encontrava meu filho. No carro, acompanharam-nos o ministro da Proteção Social e a diretora do ICBF, e durante o percurso me informaram sobre os cuidados médicos que haviam prestado a meu filho, Emmanuel, durante esse longo período em que estivera sob a proteção do instituto. Graças à incomparável vocação de servir e a boa atuação de toda uma série de funcionários anônimos em diferentes partes do país, meu filho havia recebido todo o atendimento médico e os cuidados exigidos. Já havia sido operado para o reposicionamento dos ossos de seu braço esquerdo, e só faltava fazer um tratamento do nervo para que recuperasse a mobilidade total. No caminho, o procurador-geral, Mario Iguarán, me ligou; ele também havia acompanhado de perto a situação do menino, sobretudo nos testes de DNA.

Quando chegamos ao abrigo, as diretoras do local e outros familiares meus estavam nos esperando. Mostraram-nos tudo para que conhecêssemos o local onde Emmanuel havia crescido. Achei o lugar lindo e bem cuidado. Subimos até o segundo andar e nos fizeram esperar em uma salinha até que levassem o menino. Enquanto aguardávamos, reparei em uma pintura a óleo muito linda da Virgem Maria e me ajoelhei diante dela para agradecer-lhe essa bênção tão grande que havia recebido, a maior que poderia pedir. Nesse momento entrou meu filho, que estava divino. A expressão de seu rosto era impactante, com um brilho intenso nos olhos. Ficamos nos olhando fixamente em silêncio. Achei-o tão maior e com um corpo tão formado e grande para sua pouca idade (3 anos e 9 meses); surpreendia-me vê-lo transformado em um menino que andava e falava, porque o tiraram de mim quando era um bebê. Reparei que estava com o cabelo recém-cortado. Estava descontraído e aproximou-se de mim com calma; eu me ajoelhei ainda mais para ficar à sua altura, e ele me abraçou, chamando-me de mamãe. Essa foi a imagem que o mundo inteiro conheceria pouco depois. Levaram taças e champanhe para brindar, e Emmanuel brindou com refrigerante. Meus irmãos haviam levado um jogo de montar para ele e o entregaram. Emmanuel cumprimentou a todos, um a um. Com minha mãe o encontro também foi muito especial. Ao que parece, o menino já havia nos visto na televisão quando descemos do avião em Bogotá e nos reconhecia como sua mãe e sua avozinha, de maneira que quando nos viu abraçou-nos sem titubear. Foram momentos que ficarão gravados para sempre em nossa mente, coração e consciência. Depois, Emmanuel e eu fomos levados para uma salinha para que ele comesse, porque já eram 5 da tarde. Adorei ver que já comia bem sozinho, e acabou sua sopinha de arroz, um seco, como dizemos aqui na Colômbia. Inclusive, lembro que tinha beterraba e que comeu com vontade. Mais tarde, ele foi sozinho ao banheiro e até deu descarga.

Meu irmão Iván nos convidou para que fôssemos a seu apartamento e Emmanuel visse a árvore de Natal que ainda estava montada para ele. Foi para lá que nos dirigimos ao sair do orfanato.

Haviam preparado um *ajiaco* com frango para nós, e meu irmão me ofereceu um uísque também, mas preferi não beber nada porque me sentia muito cansada. Depois do jantar fomos para um hotel, onde eu passaria os primeiros dias em liberdade com minha mãe e meu filho, enquanto organizava todas as minhas coisas.

Foram dias muito especiais. Recordo-me especialmente das alvoradas; em nosso quarto havia uma janela imensa por onde entrava o sol, e eu gostava de ver Emmanuel dormindo profundamente à luz dos primeiros raios da manhã. Logo minha vida foi mudando e, graças a Deus, cada dia novo tem sido melhor que o anterior.

CAPÍTULO 29

A readaptação

Começar uma vida familiar e retomar as atividades normais foi relativamente fácil. O difícil para mim havia sido adaptar-me ao cativeiro; de fato, acho que nunca consegui me habituar a viver privada de liberdade. Mas, agora, voltar a minha vida anterior, com a ajuda de minha família e dos amigos que me receberam com imenso carinho e compreensão, não podia ser mais que agradável e reconfortante, tanto para mim quanto para meu filho.

Evidentemente, eu tinha e ainda tenho muitas tarefas a fazer, que anotei em um caderno estabelecendo uma ordem de prioridades. No cativeiro, eu havia dedicado muito tempo, naquelas horas de solidão e de marcha, a me convencer de que tinha de me manter física e mentalmente nas melhores condições possíveis para retomar minha vida sem traumas assim que me libertassem. E eu havia refletido tanto sobre como seria minha vida em liberdade, o que faria, onde moraria, como educaria meu filho... que saí da selva quase com a agenda pronta. Estava com tudo tão racionalizado que me organizei em um tempo recorde.

O primeiro e mais importante era restabelecer os vínculos afetivos com meu filho Emmanuel, dar-lhe o tempo necessário para que se habituasse a estar comigo e de novo oferecer-lhe espaços familiares e de amizade. O segundo era acompanhar rigorosamente o estado de saúde do menino, de minha mãe e o meu. O terceiro era atualizar-me sobre o estado de minhas finanças e de minhas coisas para definir como seguir adiante. E o quarto, mas que também tinha que ver com o primeiro objetivo, consistia em distanciar-me dos meios de comunicação para começar a ter uma vida normal, sem maiores sobressaltos, sobretudo para Emmanuel.

Na relação com meu filho, que evidentemente é um trabalho permanente e constante, avançamos muito; hoje nos sentimos muito bem juntos e alcançamos um grau de harmonia e entendimento importantes. No início de 2008 viajamos em família durante um período de um mês e meio. Depois, concentramo-nos na saúde, e após fazer todos os exames médicos, estabelecemos um calendário de cirurgias, pois nós três precisaríamos passar por intervenções. A cirurgia mais grave e delicada era a de minha mãe, de modo que ela foi a primeira. Depois foi minha vez de me submeter a uma cirurgia, que na realidade foram várias em uma, pois tinham de arrumar o estrago que me haviam feito em meu abdome com aquela cesariana de urgência na selva, e aproveitaram para extrair minha vesícula. Foi muito difícil me recuperar dessa intervenção; o pós-operatório foi muito árduo e me obrigou a passar um mês de cama. Mas fiz um esforço para ficar bem o quanto antes porque ainda faltava a cirurgia para arrumar o braço de Emmanuel, que se restabeleceu muito mais rápido do que esperávamos. Essa etapa de cirurgias durou até final de junho de 2008, e simultaneamente fui organizando minha casa na periferia de Bogotá, para ter um lugar adequado onde morar. Emmanuel também começou a frequentar uma escolinha, onde se divertia brincando, cantando e ouvindo histórias. Também comemorou seu quarto aniversário, um dia com os novos amigos do jardim de infância e outro com as crianças com quem havia convivido até aquela época. Fomos a diversas missas de ação de graças, em diferentes clubes sociais a que pertencíamos, e também a outra em meu colégio e na universidade em que estudara. No segundo semestre procurei um colégio para que meu filho iniciasse seus estudos. Nessa época já estava recuperado de sua cirurgia, depois de ter feito mais de 35 sessões de fisioterapia.

A história de meu sequestro despertou muito interesse e recebi várias propostas de diversas editoras para escrever meu testemunho. Finalmente, no segundo semestre de 2008, depois de férias no sul da Espanha, pus mãos à obra e me dediquei por completo a escrever este livro. Confesso que atravessei momentos de bloqueio total. Voltar atrás não foi fácil. Tive de tomar certo tempo e distância para enfrentar certos temas, mas mesmo com tudo isso foi realmente estimulante registrar minha experiência. Escrever é uma atividade que sempre me agradou, e desejaria, mais adiante, em outra ocasião, tornar a surpreender os leitores com outros temas mais agradáveis que os de um cativeiro na selva.

Durante o ano todo também realizei movimentos humanitários a favor da libertação de pessoas que ainda continuam cativas e compareci a todas as marchas feitas para exigir sua pronta libertação. Reuni-me com alguns chefes de Estado, participei de fóruns e conferências e, em mais de uma ocasião, mandei mensagens por rádio para manter o ânimo das famílias e das próprias vítimas. Evidentemente, alegrei-me muito quando libertaram outros sequestrados, de maneira unilateral, e quando a *operação Jaque* foi bem-sucedida, sobretudo porque, além dos uniformizados e dos três norte-americanos, resgataram

Ingrid Betancourt viva. Para mim, significou um alívio enorme saber que estava a salvo e em liberdade.

Desde minha libertação vivi momentos muito importantes e enriquecedores que me ajudaram a crescer como pessoa, mãe e mulher. E comecei 2009 com o desejo de dividir este testemunho com o maior número de leitores.

CAPÍTULO 30

O tempo que não voltará

Quando olho para trás, não posso evitar que a melancolia me invada. Há algo que nunca poderei recuperar: o tempo que passou e que não voltará, em especial os três primeiros anos de meu filho Emmanuel, nos quais fomos privados de estar juntos durante essa época tão vital para a evolução emocional de uma criança. Essa separação causou a nós dois um prejuízo irreparável. Também perdi quase seis anos que poderia ter passado ao lado de minha mãe e do restante de minha família, progredindo profissional e pessoalmente.

Causa-me uma profunda dor pensar que no cativeiro se foram seis valiosíssimos anos de minha vida. No momento em que me sequestraram eu tinha apenas 38 anos e estava na plenitude da vida.

Ainda hoje não paro de me perguntar como recuperar todo esse tempo perdido, principalmente o que estive separada de meu filho. Para alguém que ficou sequestrado tanto tempo, mais terrível ainda que suportar as penúrias do cativeiro é ver-se despojado de uma época de sua vida. A pessoa segue seu caminho e, de repente, cai em um buraco, no qual permanece anos e sua vida normal se paralisa e deixa de existir. Não há palavras para descrever esse prejuízo.

Há alguns dias, Emmanuel me perguntou: "Mamãe, por que não foi me buscar antes? Eu tinha saudade de você". Eu respondi: "É que algumas pessoas me impediram". Ele replicou com essa insistência infantil: "Mas por quê? Por quê? Por quê?" "Vamos ter de perguntar a eles. O importante é que agora estamos juntos", respondi.

O sofrimento e a dor deixaram uma marca profunda e visível em nosso corpo e nosso coração, isso é inegável. Mas procuro não encarar isso com amargura; assumo-o como algo que me aconteceu, mas sigo em frente com minha vida. E, acima de tudo, nem eu nem minha família queremos continuar nos sentindo vítimas. Por isso, desde o primeiro momento fizemos, e continuamos fazendo, um esforço para que nossos rostos reflitam a alegria por estarmos vivos e por termos tido a oportunidade de nos reencontrarmos e de experimentar um verdadeiro renascer.

Temos uma tarefa enorme pela frente: a recuperação, na medida do humanamente possível, do tempo perdido.

Capítulo 31

O perdão

Desde que fui libertada recebi incontáveis mensagens de carinho e solidariedade, em forma de cartas, discos, livros, folhetos, orações, ilustrações e até cartazes. Mimos que me fizeram perceber que muitos anjinhos nos rondam com seus bons desejos e sua luz. Para retomar minha vida normal e assimilar todas as mudanças, precisei fazer um profundo exercício de reflexão, o que também me ajudou, e muito, a escrever este livro. Por mais que pense, há fatos e atitudes humanas que ainda não consigo compreender. Mas decidi deixar tudo isso nas mãos de Deus; que o Todo-Poderoso me ajude com esse pesado fardo, como fez anteriormente.

As maldições e as bênçãos na vida são duas faces da mesma moeda e cada um escolhe como vê-la. Eu tenho certeza de que, se alguém nos faz mal, em vez de amaldiçoá-lo, temos de abençoá-lo.

Se pretendo seguir adiante e voltar a ter uma vida plena, preciso perdoar, de coração, todos os que me causaram tanto mal. E isso é o que faço, certa de que não quero continuar carregando esse pesado lastro de dor e, menos ainda, deixá-lo como herança a meu filho Emmanuel e às futuras gerações que ele representa. Acho que o melhor legado que posso deixar a meu filho é minha experiência de vida. Quero que Emmanuel entenda que sua mãe é uma mulher feliz, apesar da adversidade que enfrentou e que, com a ajuda de Deus, teve forças para superar. Com meu filho em mente, eliminei de minh'alma todo rastro de rancor; não vou continuar me amargurando pelo resto de meus dias por algo que já passou. Tenho muitos anos ainda por viver e não vou permitir que ninguém os arruíne. Sem dúvida, toda aquela tragédia ficou para trás, reduzida, em muitos momentos, a um simples caso para contar.

Para superar, precisamos conjugar o verbo perdoar em todas as suas formas: eu perdoo, tu perdoas, ele (ela) perdoa, nós perdoamos, vós perdoais, eles (vocês) perdoam.

Capítulo 32

O amanhã

É evidente que encaro o futuro com muito otimismo. Se a experiência do sequestro me serviu para alguma coisa foi para enfrentar a vida normal com maior tranquilidade e relativizar os obstáculos e as dificuldades que possam surgir. Sinto que cumpri uma missão ao ter escrito este livro e fechado, assim, uma etapa de minha vida para começar uma nova. Ainda tenho alguns assuntos médicos para tratar com paciência, como as sessões de fisioterapia para o braço e a mão esquerdos de meu filho. E ainda tenho de me submeter a uma intervenção cirúrgica para curar uma hérnia que ficou como sequela do peso da bagagem na selva. Ao que parece é um tema menor, mas que requer atenção.

Também tenho novos planos, que estou começando a visualizar. Quero continuar sempre muito perto de meu filho e estou gostando muito de meu papel de mãe. Mas sobra um tempo que quero empregar de maneira construtiva. Recebi vários convites para participar de fóruns internacionais e contar como se pode extrair de minha experiência uma atitude positiva perante a vida, e me parece interessante dedicar alguns dias por ano a esse tipo de encontro. Também quero continuar escrevendo sobre temas que me inquietam, como a infância desabrigada, a segurança alimentar ou o aquecimento global do planeta.

Decidi continuar vivendo em meu querido país, com minha família e minha gente. A Colômbia é e será uma nação de imensos contrastes e imensas possibilidades, apesar das profundas dificuldades que constantemente atravessa. De maneira que há desafios a enfrentar e coração, vida e juventude para fazê-lo. O restante, com a ajuda de Deus, virá como consequência.

Agradecimentos

Muito obrigada, muito obrigada a todas aquelas pessoas que, com suas constantes orações e ações, começaram com sua fé a compartilhar seu coração e a construir este milagre de vida e liberdade.

Muito obrigada a toda a equipe da Plon e a quem compartilhou este projeto editorial em diversos países do mundo.